Vienne
1875

Chevalier, Ulysse (éd.)

Cartulaires des Hospitaliers et des Templiers en Dauphiné

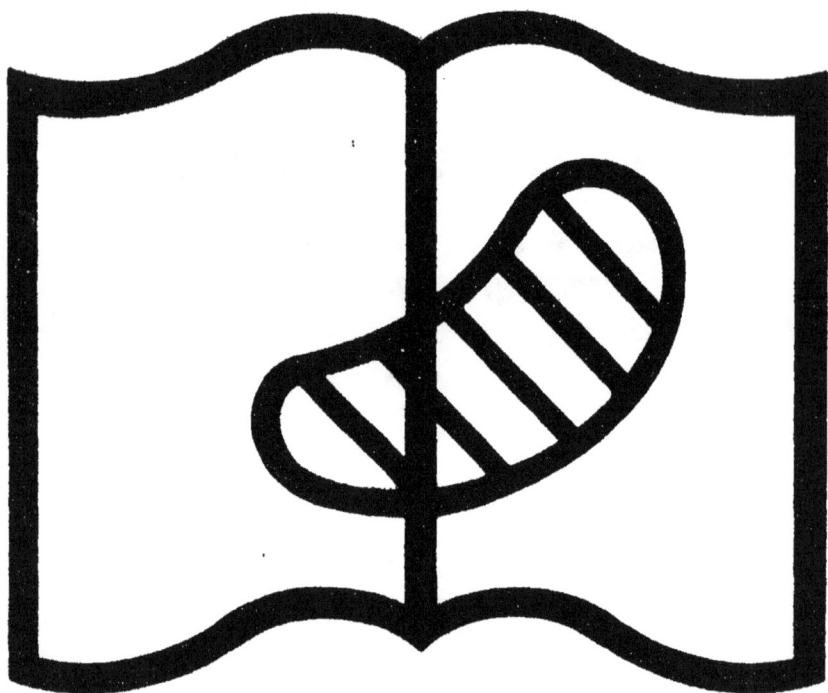

Symbole applicable
pour tout, ou partie
des documents microfilmés

Original illisible

NF Z 43-120-10

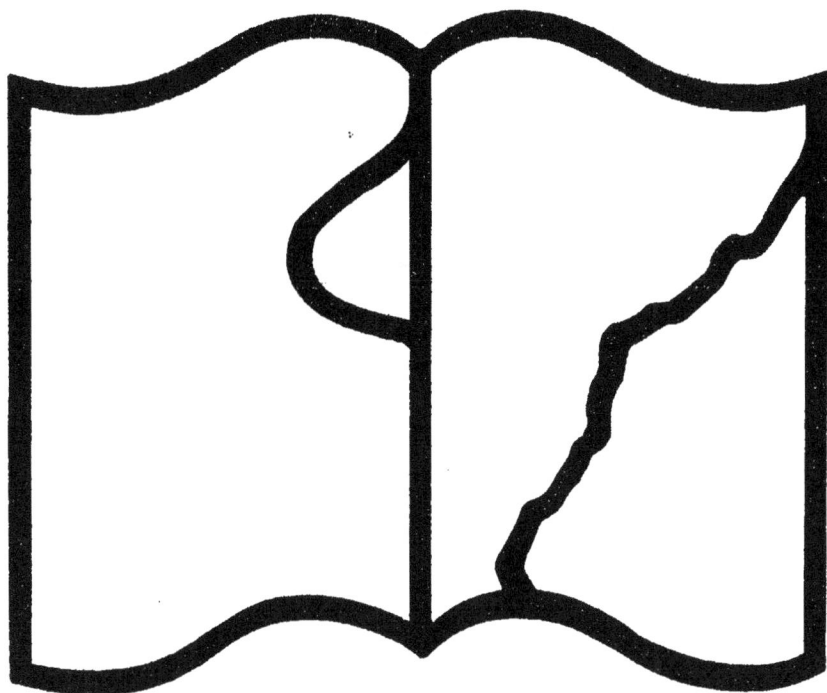

Symbole applicable
pour tout, ou partie
des documents microfilmés

Texte détérioré — reliure défectueuse

NF Z 43-120-11

COLLECTION

DE

CARTULAIRES DAUPHINOIS

TOME TROISIÈME—1re LIVRAISON

CARTULAIRES

DES

HOSPITALIERS ET DES TEMPLIERS

EN DAUPHINÉ

PUBLIÉ PAR

L'abbé C-U-F. CHEVALIER

VIENNE

E.-J. SAVIGNÉ, imprimeur

M.DCCC.LXXV

CHARTVLARIVM

DOMUS

HOSPITALIS HIEROSOLYMITANI SANCTI PAVLI

PROPE ROMANIS

CHARTVLARIVM

HOSPITALIS HIEROSOLYMITANI SANCTI PAVLI

PROPE ROMANIS

I

CARTA RERUM QUAS DONNUS LANTELMUS ADQUISIVIT DE GUIGONE AIRARDO[1].

NOTUM fit omnibus quod Guiguo Airarz & uxor fua & filii fui & foror fua & filii ejus concefferunt & donaverunt campum del Coonnier domo Ofpitalis Jherhufalem, domo fcilicet Sancti Pauli & omnibus fucceſſoribus ejus, cum confilio & conceffu illorum de quibus ipfe habebat terram, fcilicet de Bertranno de Clavaifon & de Ifmidone della Poipi; unde ipfe Guigo fupradictus habuit de helemofinis Ofpitalis: cccc. centos L. folidos & retinuit in campo i. feiter de froment ceſſal, & Ifmido de la Poipi habuit v. folidos pro laudamento, & Bertranus³ de Clavaifon xxx. folidos (*add*: propter hoc donavit & conceffit Ofpitali Sancti Pauli quiqid juris haberet in ifto campo), & Guillelmus de Chalmen iii. folidos. Et li Charbonel d'Oveis dereliquerunt quid-(*i°*) quid juris habebant in campo, unde habuerunt xx. folidos. Hoc factum eft confilio Lantelmi & Armanni, procuratoris domorum Hopitali, & Duranti Barnefrei. Hujus rei teftes funt: Roftanz Girouz, Petrus de Leives & filii fui, Guillelmus Claviger, Petrus Coirers, Giraudus Palmeta, Nicolaus

& Guillelmus Teifere , Petrus Blans & Petrus Dia, & Martinus deuz Riauz & Difders de Triorz.

(1) Fol. 1. Les trois derniers mots de ce titre font à l'encre rouge en marge. — (2) Une main différente a introduit le chiffre ccc à la fin de la ligne. — (3) Le figne d'abréviation au-deffus de la 3e r feroit lire *Berterranus*.

2.

NOTUM fit omnibus tam prefentibus quam futuris quod pueri Bertranni de Clavayfon, fcil. Antelmet, Bertrant, Pont, Chatbert, tactis facrofanctis Ev(an)geliis , donaverunt & fideliter concefcerunt quicquid juris habebant in campo dal Cooner, qui fuit de helemofina Gigonis Ayrart, domui Hofpitalis Sancti Pauli. Hujus rei teftes funt: Chatbertus magifter ejufdem domus, Petrus Rigaudi, Pontius Bertranni, Guido Bertranni, Villelmus de Roca; hoc factum eft in domo Bertranni de Clavayfon, a Payris.

(1) Cette charte, qui fe rapporte au n° 1, eft tranfcrite fur la marge du f° 1 r°

3.

NOTUM fit quod Guigo Ayraz & Ugo frater ejus & B(er)nardus frater ejus[2] confirmaverunt donum & vendicionem quam fecerat Hofpitali pater eorum, fcilicet Guigo Ayrarz, videlicet campum de Couner & omnem jufticiam quam habebant in ipfo campo; & inde habuerunt XII folidos. Hoc juraverunt tres ifti fratres[3] fupra fancti Dei Evangelia firmum & ratum tenere inperpetuum. Hoc factum fuit ante ecclefiam Hofpitalis Sancti Pauli, tempore Guigonis Falcon, qui tunc erat magifter; teftes funt: Bernardus de Veraceu , Emydo Sancti Laterii, Symon de Leves, Bernardus Claviger , Willelmus Beroarz, frater Hofpitalis, & multi alii.

(1) Cette ch. fe rapporte également au n° 1 & fe trouve fur la marge du f° 1 v°. — (2) Ces quatre derniers mots ont été ajoutés après coup. — (3) D'abord *H. j. uterque frater*.

4

DE DONO QUOD FECIT LANTELMUS DE LEIVAS.

LANTELMUS de Leives donavit domo Hofpitalis campum del Perer, unde habuit LX. folidos; hoc laudavit uxor ejus & filii, unde uxor habuit II. fol.; & nepotes fui laudaverunt, unde quifque ipforum habuit XII. numos. Hoc factum (f° 2) in conpectu Lantelmi & Armanni de la Boiffi, qui funt hujus rei teftes & alii, fcilicet Petrus de Leives, Roftanz Girouz, Durantus Barnefrei, Villelmus Claviger, Villelmus Teifere, Petrus Coirers, Giraudus Palmeta, Petrus Blans, Petrus Dia.

5

ITEM, DE EODEM.

LANTELMUS de Leives donavit domo Hofpitalis lo cortil juxta domum Sancti Pauli, unde ipfe habuit LXX. folid. & unum porcum; hoc donavit uxor fua & filius ejus & nepotes fui, unde habuerunt V. fol. Hoc factum eft confilio Armanni de la Boiffi & Lantelmi Sancti Pauli; & ipfe Lantelmus retinuit in hoc cortile XII. numos cenfuales, quos ipfe dedit domui (v°) quando venit ad ordinem. Hujus rei teftes funt: Petrus de Leives, cujus confilio fecit hoc, Roftanz Girouz, Villelmus Claviger, Giraudus Palmeta & filius ejus & Nicolaus, Petrus Blans, Poncius Irizol, Petrus Dia.

6

CARTA DEUZ BISCLAIS.

VILLELMUS Audeno & mater & uxor cum filiis fuis concefferunt & donaverunt domo Hofpitalis Poncium Bifclais & fratrem ejus, & fili(os) quos habent & quos habituri funt; unde habuerunt C. folidos. Hujus rei fide juffor eft & teftis Bovez d'Ofteon, ne in eis amodo ullam injuriam faceret, & Francifcus & Villelmus de Sancto Eleuterio. Hujus

rei teftes funt: *(fᵒ 3)* Petrus de Belmont & Lantelmus
Sancti Pauli, in cujus conpectu factum eft, & Durantus
Barnefrei, Roftanz Girouz, Petrus de Leives, Villelmus
Claviger, Petrus Coirers, Giraudus Palmeta & filius ejus,
& Villelmus Teifere, Guarners de les Loives, Guarinus
junior, Martinus del Riauz, Davis Bonols, Petrus Blans,
Bernarz Borrez, Petrus Dia, & Stephanus Sancti Salvatoris
& frater ejus.

7

DE DONNO VILLELMO SANCTI ELEUTERII.

NOTUM fit omnibus hominibus tam prefentibus quam futuris, quod ego Villelmus de Sancto Eleuterio mitto in
vadimonium domui Hopitalis Jherufalem terram quam
habeo apud Sanctum Paulum, per centum libras Viennenfium ; tali pacto *(vᵒ)* quod fi ego hanc terram redimere vo-
lebam, centum libras Viennenfium magiftro domus fecundum ufum gagerie, omni occafione remota, perfolverem ;
fin autem hanc terram in vita mea non redimebam, dono
eam & concedo pauperibus Hofpitalis Jherufalem, pro
anima mea & uxoris mee, & pro anima patris mei & avunculi mei, & pro animabus antecefforum meorum. Hoc
donum laudo & concedo ego Villelmus & filius meus Villelmus & uxor mea. Hujus rei funt teftes: Armannus de la
Boiffi & Franco facerdos & Lantelmus Sancti Pauli, Jofres
de Moirenc, Guigo Gauters, Aimo Solaz, Andreus Guarins,
Pero de Cunquers, Bernarz Veillos, Martins deuz Riauz,
doctor Guarinus, Pero Chaberz, *(fᵒ 4)* Villelmus de Rofas,
Ponz Malez, Guarners de las Loivas, Eftevenz de
Saint Julin, Bernarz de Rofas, Artauz de Pifanzan, Guaris
Leffes, Pero Blans, Joanz de Marzas, Villelmus Cla-
viger, Pero Dia, Girauz Palmeta, Pero Coirers, Ervis,
Chaberz Guarins, Bos de Sant Stoina, Aarmannus
Sancti Eleuterii, Lantelmus Guinamanz, Pero Bernarz,
Pero Allo, Pero des Chavannas, Lantemus Papa Bos.

8

Notum fit omnibus hominibus quod, anno ab Incarnatione Domini M°. C°. LXX°. VIIJ° *(1178)*, controverfia que verfabatur inter Romanenfem ecclefiam & fratres Hofpitalis tali conventione amicabiliter fopita eft: in primis domus *(vo)* quam predicti fratres Hofpitalis habent in burgo extra muros, quod apellatur Paillares, predictis fratribus Hofpitalis Romanenfe capitulum perpetuo conceffit habendam & poffidendam in pace, retentis vi. numis cenfualibus fingulis annis: ita tamen quod in predicta domo oratorium edificare non debent. In villa vero Sancti Pauli capellam quam edificaverunt fratres Hofpitalis libere Romanenfis ecclefia eis conceffit: ita tamen quod jus parrochianum baptizandi, penitencias dandi, fepeliendi in nullo hominum debent fratres Hofpitalis fibi ufurpare; verum fratres fuos, fcilicet eos qui habitum religionis cum cruce gerunt, & familiam fuam ibi poffunt fepelire: fi tamen aliquis de parrochia Sancti *(f° 5)* Pauli effet in eorum familia, in parrochiali ecclefia debet fepeliri. De decimis quas fratres Hopitalis in predicta parrochia adfiquifierunt a Guigone Airardo & a Lantelmo Meilloret, ita diffinitum eft quod illas habeant fratres Hofpitalis, & nonquam amplius in parrochia alicujus ecclefie Sancti Barnardi Romanis decimas a quoquam accipiant vel adquirant predicti fratres Hofpitalis, fine voluntate Viennenfis archiepifcopi & Romanis capituli: pro illis tamen decimis fupradictis quas eis capitulum laudavit, debent duos fextarios annone, que ex decimis illis proveniet, fingulis annis cenfuales debent dare. Actum eft hoc Romanis in capitulo, in prefentia domini Roberti Vi-*(vo)*ennenfis archiepifcopi, apoftolice fedis legati, & in prefencia Bofonis Viennenfis decani, & Falconis de Doennai & Franconis de Pifanzan & Petri Giflamar & Prepofiti & Adenardi de Moirenc & Poncii archipresbiteri, & aliorum canonicorum

Romanenfium, & in prefencia Hermanni & Entelmi &
aliorum plurimorum fratrum Hofpitalis.

(1) Cette ch. fe trouve plus complète dans 'le *Cartul. de Saint-Barnard* de
Romans (f° 137 v°, n° III° lxxvij) & M. GIRAUD en a donné le texte d'après ce
ms. dans fon *Effai hiftor.* (compl., p. 174-6).

9

CARTA NEMORIS DE MAZAPEOIL.

NOTUM fit omnibus tam prefentibus quam futuris, quod
Defiderius de Pifanciaco donavit & conceffit Deo &
domui Hofpitalis nemus de Machapeoil & duos campos
juxta nemus, per xi. feftarios & eminam frumenti cefuales
annuatim. Tali modo fuit difpofitum iftud placitum, quod
Defiderius *(f° 6)* de Pi. nec frater nec filii nec parentes ejus·
ullam inquirerent requificionem nec injuriam facerent eis
amodo, & libere & abfque ufatju de placito, tam a fe quam
a fuis atque ab omnibus hominibus, in pace teneat domo
(-mus) Hofpitalis. Propter hoc donum Defiderius de Pi.
habuit de helemofinis Hofpitalis xi. libras & fei dru xxv.
folid. Et hoc factum eft per manum Armanni de la Boiffa
& Lantelmi Sancti Pauli; garentia Durantus Barnefreis &
Lantelmus de Praaillas & li Verger, Giraudus Palmeta,
Petrus Blais. Si vero aliquis homo cenfualem fupra dictum
auferat eis vi vel aliqua occafione domo Hofpitalis, Defiderius de Pi. nec frater nec pueri fui nec fucceffores fui debent
recuperare *(v°)* cenfualem predictum a domo Hofpitalis ullo
modo; propter hoc Defiderius de Pi. & frater & filii fui bona
fide pepigerunt predictis procuratoribus Hofpi. ut hoc in
perpetuum ratum habeatur. Hujus rei laudatores funt &
fidejuffores: Franco de Pi(fanciano), Defiderius de Pi. &
filii fui & uxor fua, Mallenus Galateus, Petrus Mota, Petrus
Rigauz; & fidejuffores pro pace: Fougerius de Chafteillon
& Auftacha Beraudi. Anno ab Incarnatione Domini M°. C°.
LXX°. IIIJ°, giri folaris vii°, decemnovalis vero xvi, epacta
v, concurrente vii, menfe julio *(juillet 1174),* Alexan-

dro ecclefiam Romanam gubernante, Frederico Cefare regnante¹.

(1) Dans ces notes chronologiques les cycles (folaire & de dix-neuf ans) & l'épacte (v pour xv?) appartiennent à l'an 1174, le concurrent à 1173.

IO

CARTA DE DESIDERIO DE PISANCIACO. *(fᵒ 7)*

Anno ab Incarnatione Domini Mᵒ. Cᵒ. LXXXᵒ. Iᵒ, indiccione xiijᶜⁱᵐ, giri folaris xiiijᵒ, decemnovenalis iiijᵒ, epacta vero iii, concurrentibus ii, menfe aprilis *(avril 1181)*, Alexandro ecclefiam Romanam gubernante, Frederico Cefare regnante¹; Lantelmus, frater Hofpitalis & difpenfator domus de Sancto Paulo, adquifivit de Defiderio de Pifanciaco [unum pratum in Gaureto & unum campum juxta ftratam, & dedit ei Lantelmus xxx. folid. de helemofinis Hofpi(talis), & per fingulos annos dat vi. feftarios frumenti ei cenfuales, nec debet aliquid exigere a predicta domo ulterius nifi vi. feft. cenfuales. Hoc donum fecit ipfe, conceffit & confirmavit, laudante Villelmo, Defi(derio) & Artaudo & Martino, filiis fuis, & Fran-*(vᵒ)*cone fratre Defi. Hujus doni five conventionis teftes funt ifti: Armannus de la Boiffa, Duratus Barnefreis, Villelmus de Mota, Guigo de Larnage, Petrus Rigaudi, Petrus Verger, Johannes Vergers.

(1) Ces notes chronolog. s'appliquent à l'an 1181, fauf l'indiction & le concurrent (à 1180).

II

CARTA DE WMUS (VILLELMO) MALFAITZ.

Eodem anno, Villelmus Malfaiz dedit fe domui Hofpi(talis), & dedit eidem domui feudum quod habebat a Defiderio de Pi(fanciano) & Francone fratre ejus. Guigo quoque Malfaiz & frater & forores ejus dederunt, pro anima patris & matris fui, Deo & Hofpitali feudum quod habebant a Defiderio de Pi. & Francone fratre ejus, bona fide & abfque omni calumnia, ut fervitores Hofpi. inperpetuum teneant & habeant; & domus de Sancto Paulo dedit eis de helemofinis Hofpitalis *(f° 8)* cccc. & xvij. folid. & 'ij. feftar. filiginis, & iij. fol. Petro Rigaudi. Feudum iftud Defiderius & Franco frater ejus dederunt & concefferunt Deo & Hofpi. inperpetuum, & domus San&ti Pauli debet eis reddere per fingulos annos iiij. feftar. & eminam fru(menti); eadem quoque domus dedit eis pro laudamento feudi cc. & xv. folidos, nec debent aliquid ulterius exigere vel querere preter predi&tum frumentum domui Hofpi. pro hoc feudo, filiis tribus Defiderii modo nominatis laudantibus & concedentibus hoc ipfum. Hujus rei teftes funt quot ibidem affuerunt: Armannus de Boiffa, Lantelmus, Villelmus Textor, Ainardus de Moirenc, Villelmus de Chaffenaio, Gaufridus de Chafta, Villelmus de Bel Veer, qui eft fecuritas pro Mabi-*(v°)*lia, Petrus Rigaudi, Guarnerius de Loivis, Martinus de Rivalibus, Raimundus Faber & Juvenis filius ejus. Propterea Defiderius & Guigo cum fuis debent iftud cuftodire bona fide, & omni calumnianti ftare pro jufticia. Di&tum eft quoque ut quandiu Defiderius & filii fui parati fuerint ftare de jure & a&tu omni appellanti vel calumpnianti domum pro eo vel pro eis, domus San&ti Pauli debet eis reddere xxij. feftar. fru. fingulis annis, ficut frumentum levatur de area cum fcopis & pala: quod fi Defiderius & filii ejus calumpnianti domum pro eo vel pro eis noluerint ftare de jure & vis illata fuerit domui, de cenfualibus frumenti quod ei ablatum fuerit non debet iterum reddere Defiderio vel fuis.　　　　　　　　　　　　　　　　　*(f° 9)*

12
CARTA DE SANCTO ELEUTERIO.

IN nomine Domini, notum fit omnibus hominibus tam prefentibus quam futuris, quod ego Lantelmus de San&to Eleuterio dimidium manfum, quod habeo in parrochia San&ti Pauli, & cenfum unde domus ibidem edificetur Deo & fan&to Hofpitali Jherufalem & in molendino, quod apud San&tum Eleuterium habeo, abfque molitura molere dono & concedo. Hoc autem donum fuit fa&tum confilio & afenfu fratris pre-

dicti Antelmi nomine Caberti, ejus filiorum, Guillelmi videlicet & Antelmi, in prefencia abbatis de Monte Majore &
Franconis fratris ejus & Aldenonis de Clara Valle, Antelmi
de Chavannas, Guillelmi fratris ejus aliorumque cum-
plurium. *(v°)*

13

IN nomine Domini, Ego Aldenon de Clara Valle manfum
quod Vacheriis habeo, confilio & affenfu Antelmi & Chaberti de Sancto Eleuterio ejufdemque Chaberti filiorum,
Guillelmi videlicet & Antelmi, Deo & Hofpitali Jherufalem abfque omni retenemento dono & concedo, & cortilium
quod juxta domum Hofpitalis apud Sanctum Paulum habeo.

14

CARTA DE Ws (VILLELMO) DE VARENAS.

POSCANCANT (Nofcant) prefentes pariter & futuri, quod
Villelmus de Varenas totum hoc quod habebat in molino
qui eft in villa Sancti Pauli, vendidit fine omni retinemento
domui Hofpitalis ville ejufdem; pro quo molino domini predicte domus, Latardus Bollas videl. & Ugo Richarz &
Hotmarus, LX. folidos predicto Villelmo dederunt, eo pacto
ut quicquid in molino *(f° 10)* habebat ipfe Villelmus domus
predicta & ejus habitatores in pace poffideant in perpetuum.
Hoc laudavit Aimo frater predicti Villelmi, & pro laudatione
II. habuit folid.; & quoniam in hoc eodem molino predictus
Villelmus III. annone feftarios in picnore miferat dominis
predicte domus, Guigonem de Cofta in firmantiam dedit
quod ipfe ufque in feftum beati Juliani redimeret. Facta funt
hec in prefentia Bruni Rafcha, Defiderii, Petri Audier,
Bricii, Eldrici, Girberti Gifla.

Propter diffinicionem molini dedit Lantelmus X. fol. &
III. feftarios avene Petro Teotberto & Villelmo Aldeno &
filio fuo; de hoc pacto funt teftes: Matfredus archipresbi-
ter, Barnardus de Caftellione, *(v°)* Bonefacius & Eldricus,

Villelmus de la Cofta, Lantelmus, Ugo Ricardus, Johannes
del Verger.

I5

CARTA (CHABERTI) DE CHASTELLON.

CJABERTUS Caftilionis dedit fe Deo & pauperibus Hofpitalis Jherufalem, & dedit quoddam pratum ad Sanc-
tûm Paulum quod tenebant li Arbertenc de illo, & in fine
fuo dat omnia arma fua cum equo, & quafdam vineas quas
habebat in Chalevo. Hoc beneficio dat domus Hofpitalis
partem ei in omnibus beneficiis fuis, & dat ut quocumque
fine Cabertus moreretur in ciminterio ecclefie fepeliretur,
nifi propria culpa fua ei accideret; ad alium ordinem non
poteft accedere, nifi confilio domus Hofpitalis.

16

(CARTA DE TERRA PETRI RICHARDI).

NOTUM fit omnibus tam prefentibus quam (futuris), quod
domus (f° 11) Hofpitalis de Sancto Paulo cepit quandam terram ad colendum que erat Petri Richardi, tali
condicione ut pro tafcha & decimis quintam partem fructuum
ibidem crefcencium fingulis annis predicto Petro Ricardo
domus prenotata perfolvat vel fuis: quod fi querela ab
aliquo vel ab aliquibus facta, terre illius decimas jure vel
venditione feu dono a domino terre ejufdem in antea obti-
nuerit & habuerit, de quinta parte fructuum domino pro-
venientium, Petrus Ricarz vel terre dominus decimas pre-
dictas folvere debet. Propter (e)a Lantelmus dominus domus
Hofpitalis dedit Petro Ri. L. folidos, nec domus illa ulterius pro hac conventione alicui placitum facere debet vel
aliquid dare, & ficut dictum eft inperpetuum poffidere.
Hoc (v°) factum laudavit Donneta uxor ejus & conceffit &
voluit & filii eorum, & Guigo Airardi fimiliter, frater predicte domine, conceffit, laudavit & dedit, & habuit inde v.

folid. & feftarium frumenti; & Carbonelli de Oveis, antiqui
cultores terre ejufdem, fi quid juris in ea habebant, eidem
domo dederunt & concefferunt pro tribus feftariis annone :
luna vij^{ma}, feria prima, febroarii fecunda, anno ab Incarnatione Domini M°. C°. LX°. IIIJ° *(2 févr. 1164)*, Alexandro papa Romano exiftente, Frederico inperatore regnante[1]. Teftes hujus convencionis fuerunt: Armannus de
la Boiffa, Durantus Barnefres, Petrus Blans, Guillelmus
Cellararius, Petrus de Leives, Lantelmus de Praalles, Odo
de Ponte & Petrus Dia. Predicta quoque domus debet
terram ipfam fideliter colere & cum *(f° 12)* parco femare.

[1] Ces notes chronologiques fe vérifient exactement d'après le fyftème Pifan,
faui la lune qui était à fon 6° jour & non au 7°.

17

M]ALLENUS Tialquis adquifivit de Villelmo Guarino que-
dam terram, & filii ejus deferebant terram in Hofpitali; & Lantelmus in cujus poteftate domus erat dedit illis,
ad filios Villelmi Guarini, xv. folid. propter diffinicionem.

18

CARTA DE ARMANNUS RECCO.

A RMANNUS Recco (dedit) Deo & pauperibus Jerofolimis
terram quam habebat apud Genevreas, & exinde habuit
vii. cenz fol. Hoc dedit & laudavit Petrus de Bel Mont &
filii ejus, & exinde habuerunt xii. libras & x. fol. *(add. en
m.* & poftea filii ejus habuerunt iiii. libras & ipfi laudaverunt perpetualiter), domina Falavella x. fol., Villelmus Ros
xx. fol. Hujus rei teftes funt: Villelmus de Rofas, Pero
Arnauz, Jarento de Doennai, li Motin.

19

DE LANTELMO MELLORET.   *(v)*

N]OSCANT prefentes pariter & futuri, quod Lantelmus
Melioriti dedit Deo & domui Hofpitalis quandam ter-

ram fubter vineam en la Chirofa , & exindé hábuit quén-
dam equm Hopitalis ; & ipfe prediĉtus Lantelmus retinuit
in hanc terram II. feftar. frumenti cenfuales, quos ipfe dedit
domul propter nepotem fuúm, cum alia terra que eft juxta
vineam, quando nepos ejus venit ad ordinem. Hoc dedit &
laudavit ipfe & uxor ejus & filii fui & Efclarmunda foror
ejus. Hoc faĉtum fuit in prefencia Armanni de la Boiffa ,
Lantelmi Sanĉti Pauli & Laurentii & Johannis Coifini &
Villelmi de la Mota & Roftanni Girouz.

20

Carta de Villelmus Malfaiz.   (f° 13)

Villelmus Malfaiz dedit Deo & pauperibus Hofpitalis
Jherufalem totum quod habebat territorio Sanĉti Pauli,
& dedit aput Sanĉtum Eleuterium vineam del Beon; e la
vinna que Amalberz ten de lui, e deu III. eminas de fro-
(ment) e IIII. fol. ceffauz, e es de plait de VI. fol. e I. fefter
de fro.; e la vinna que ten Arberz Chaftanel, e es de IIII.
fol. de plait; e lo champ de Vacheiras que Zarmanz a en
gaje per L. fol. ; e lo feu que a d'en Lantelmo Guinamant,
e es de plait VIII. den.; e una foma de vin que li deu Rai-
monz fos nes, mas el l'a en guage per XV. fol.; e la vinna
que ten Pero Aefmars, que fai II. fol. ceffauz, mas el
los a en gage per L. fol. ; e lo carton del vin e de l'aigua
de la vinna que ten (v°) Pero de Valgela, mas el l'a en
gage per XVI. fol. e es de plait VIJ. fol.

21

Carta de Foucheir de Chastellon.

Fougers de Chaftellon dedit Deo & pauperibus Hopitalis
Jherufalem cortile Petri Andreu , & illud cortile debet
IIII. feftar. frumenti cenfuales; & dedit la tenura Bernart
Vizio, que eft juxta illud cortile.

22

CARTA JARENTO DE CLAVAISO.

JARENTO de Claifon dedit Deo & domui Hofpitalis IIII. feftar. de froment ceffauz in quandam terram que eft aput Vairage, quam tenent Bernardus Selvo & Johannes Gaufredus, & quifque iftorum debet II. feftarios frumenti.

Habranz VI. den., Arberz Chalvez III. den., Bernarz Martis I. emina de fro. & IIII. chapos e I. gallina de Carefmentran e I. cartal de *(f° 14)* vin en auoft e II. fol. e III. den. in Nativitate Domini.

23

CARTA PONCIUS AIRARDI.

PONCIUS Airardi dedit femet ipfum domui Hopitalis, & dedit aput Ainc lo tenement Archifrei, qui dona de ceffa duas partes unius emine frumenti & III. gallinas; & dedit aput Giflon lo tenement Efteven de Giflon, qui rent de ceffa I. emina comola de fro(ment) e IIII. chapos e I. gallina de Caref(mentran) e I. emina de vin e XVIII. den.; e donet lo tenement Julian, qui ren XII. den. ceffauz e I. gallina de Cares.; e donet los cortiuz de Diencs fancto Johanni ante molinum.

24

CARTA PETRI RIGAUDI.

PETRUS Rigaudi & pueri fui dederunt & concefferunt Deo & domui Hofpitalis quandam vineam *(v°)* a Perois, pro anima uxoris fue, quam tenet Petrus Criftoforus & debet II. fol. cenfuales.

25

DE PERON RIGAUT.

PIETRUS Rigaudi dedit fe in confraternitate Hofpitalis & dedit quandam terram ad Ripas, quam tenebant Eu-

dricus Chais & Poncius Irizons de illo; propter hanc terram debent ifti duo predicti xii. den. cenfuales, Poncius
Irizos viu d., Eudricus Chais iiii. d. Hoc beneficio dat
domus Hofpitalis partem ei in omnibus beneficiis fuis, &
dat ei ut quocumque fine moreretur in ciminfterio ecclefie
fepeliretur, nifi propria culpa fua ei accederet.

26

DE GUIGO MALFAIT.

Guigo Malfaiz dedit fe Deo & domui Hofpita-*(f° 15)*lis
& dedit vi. numos cenfuales in vineam longuam, quam
tenet Andreas Bifclais ab illo. Hoc beneficio d. ei d. p. in
(ut ch. 25)... cimint...

Le tenemenz deuz Bifclais debet ii. fol. cenfuales domui
Hofpitalis.

Archingaus de Pairano dedit Deo & domui Hofpitalis xx.
den. e i. mealla ceffauz fuper cortile Juvenis Barber. *(En m.*
aput Pairanum, aput Perois).

Franco Vervoz & foror fua & nepotes fui dederunt & concefferunt Deo & domui Hofpitalis vineam de Lolainer e
la chofa quam uxor *(v°)* Pefler poffidebat ab illis, de qua
debet i. feftarium filiginis cenfualem; & dederunt vineam
quam Jordanus Efcofers tenebat ab illis, que vinea reddit
i. eminam frumenti cenfualem & iiii. den., e es de iiii. fol.
de plait.

27

CARTA DE GUIGO ARNAUT.

Guigo Arnaudus dedit Deo & domui Hofpitalis xii. den.
cenfuales fuper cortile quod ipfe poffidebat apud Toris.

28

CARTA DOMINA BOLLOT.

Nna (Domina) Bolloz dedit Deo & domui Hofpitalis
femetipfam & dedit molinum Richilent, qui dona i.

chos de mouton lo meillor que om po trovar a Ronmas
a festa sain Johan preter ɪ, e ɪ. sester de pa e ɪ. sester de vin
e ɪɪ. sol., & in cortile Becha xɪɪ. den. & ɪ. gallinam; & dedit
in cortile Richilent ɪɪ. sol. *(fº 16)* censuales annuatim.
Hujus rei testes sunt: Gaudinus & Johannes Garners &
prior de Burt & Galvaiz.

29

Pᴇʀᴏ Chamonz ɪɪ. sester de froment, Clemenz ɪɪ. sol. e
ɪ. gallinam, Petrus Albus x. sol., Pero Nerpos ɪɪɪ. sest.
de fro. e ɪ. galli., li Neiel ɪɪɪ. sest. de fro., Ponz Irizos ɪɪ.
sest. de fro., Villelmus Gallez ɪɪ. sest. de fro., Borreuz ɪɪ.
sest. de fro., Sibos ɪɪɪ. sest. de fro., Eudrius Chais ɪɪ. sest.
de fro., Pero Ros v. sol. Li cortil soz maison Borrel ɪɪɪɪ.
sester de fro(ment); li cortil de josta la granja de l'Almosna
ɪɪɪɪ sest. de fro.; li Almosna vɪ. den. del pra qui fo Villelmo
de Vila Nova; li Berger del pra (....).   *(vº)*

30

(Cᴀʀᴛᴀ Sᴏғʀᴇᴅɪ Bᴇʀɢᴇʀs).

Sᴄɪᴀɴᴛ presentes pariter & futuri, quod Sofres Bergers dedit
& concessit Deo & domui Hopitalis pratum quod ipse pos-
sidebat apud Sanctum Paulum, & exinde habuit helemosinis
Hopitalis xʟ. sol. Hoc dedit ipse & concessit & frater ejus Milo
& Johannes & Evrardus; hoc laudamentum accepit Bernardus sacerdos, Villelmus Texor, Ponz de Laun, Ponz Bisclais.
Actum est hoc ante januas ecclesie Sancti Johannis; hujus rei
testes sunt Bernardus Borreuz, Bernardus Vizios, Villelmus
Borivecs. Hoc laudavit domnus Villelmus (de) Sancto Eleuterio, & exinde habuit xx. sol.; hoc vidit & audivit Bernardus
sacerdos, Villelmus Texor *(fº 17)* & Guigo de Sant Later.
Et nichil predictus Villelmus in hoc prato debet querere nisi
v. sol. de plait.

31

CARTA UMBERTUS DES CHAVAINNAS.

Umberz des Chavinas donet Deu e auz paures de Jeruſalem lo pra que el avia a Saint Pol, e ot en de las almoſnas de l'Oſpital viiij. livras. Hoc laudavit uxor ejus & filius ejus, & exinde habuit vi. den. Hujus rei teſtes ſunt : le prere de Saint Later, qui not i. ſeſter de froment, & Pero Bernarz, qui not autre, Bernarz de Veraceu, qui not iiij. fol., domina Erineriarz, dom^a Gauliana, Pero Malfaiz. Hoc laudavit Villelmus de Saint *(v°)* Later, pater & filius, & exinde pater habuit xx. fol. Hoc laudamentum accepit Villelmus Teiſere, Villelmus Cellarers, Ponz de Laun.

32

CARTA DOMINA AUDEIARTZ BORRELLA.

Audeiarz Borrella dedit ſe domui Hoſpitalis & dedit, pro anima ſua, terram quam ipſa poſſidebat apud Charpenz. Iqueſta terra avia a ſeu de n Eſmion de San Later & Eſmio donet iqueſt ſeu a l'Oſpital, e ot en de l'Oſpital xx. fol. e i. ſeſter de civa. Hoc laudaverunt filii ejus ambo a la porta de Pernanz, davant maiſon Joan Borrel. Hujus rei teſtes ſunt Guigo de San Later, Joanz Borreuz, Ugo Lobez, Aimo Lobez, Ponz Galateus. Hoc laudamentum accepit *(f° 18)* Villelmus Teiſere. Et hec ipſa Audeiar donet a l'Eſpital i. gajeira, que il avia a la Noiarata de Bernart Vira Maza per xxv. fol.

33

CARTA DOMINA RIENZ.

C̃na (Domina) Rienz dedit ſe domui Hoſpitalis, & dedit pro anima ſua lo cortil que il avia tre la grainnja de l'Almoſna. Quant li donna venc a fin, Artauz ſos filz & Villelmus ſos filz e Aimona ſa filla volgrunt que Ponz Rienz lor frare ſos traiz di qui on era e ſos mes eu ciminterio de

l'Ofpital, e donerunt per s'arma la terra que il aviant jofta
lo mas de Pernanz. Iter(u)m Artauz dedit Deo & domui
Hofpitalis, pro anima fua & pro animabus antecefforibus
fuis, vi den. ceffauz que li maifons li devia del percos de
l'aiga a Corcomare. *(vo)*

34

(Carta) de Emion de la Poipi.

S]ciant prefentes pariter & futuri quod Efmio de la Poipa
mes en gaje a la maifon de l'Ofpital los cortiuz que
el avia a San Pol jofta lo molin, per xl. fol. En apres
Efmio de la Poipa donet a la maifon de l'Ofpital tota iquella
dreitura que el avia en iqueftos cortiuz, per s'arma e per
las armas de fos anceffors, e le donz Lantelmos donet li
xx. fol. de l'almofna Durant Barnefre. Hujus rei teftes funt
le donz Lantelmos, Duranz Barnefres, Girauz Palmeta,
Lantelmos de Praallas, Difders de Moras, Villelmos
Efmio, Pero Sofres.

35

(Carta) de Villelmo Rainer.

V]illelmos Rainers dedit fe ipfum Deo & domui *(f° 19)*
Hofpitalis, & dedit pro anima fua omne nemus quod
ipfe poffidebat territorio Sancti Pauli. Poft obitum ejus,
li Rainer fei nevo contrariavant la maifon en iqueft boc, e
le donz Lantelmos donet lor c. fol. e xviii. den. ceffauz a
Mon Mira, que devia Joanz Gontelmos, per defeniment; e
il e lor mare donerunt e outreierunt tota dreitura que il
agueffant en iquefta chofa. Izo fo fait en la fala a San Later,
per la man del don Villelmo de San Later. Iqueft diffini-
ment recit le donz Lantelmos e Duranz Barnefres. Hujus
rei teftes funt Villelmos des Chavainnas, Umberz des Chavainnas, Mal-*(vo)*lens Paners, Pero Bernarz, Armanz de
San Later, Ogers de Mon Mira, Villelmos Cellarers, Girauz
Palmeta, Pero Dia.

36

(Carta) de La(m)berto Ubout.

Lamberz Ubouz e fei effant contrariavant la maifon de San Pol per graufas que aviant a n Artaut de Pifanzan; e fo ifi defein que li maifons lor done xxx. fol., e il defeiurunt tota graufa que il agueffant ves la maifon: ficit de pais Martis Bailles per ccc. fol., Villelmos del Pol per ccc. fol. Izo fo fait davant l'egleifa nova de Bel Veer, per la man n Algo lo priol de Lofonna e per la man Chabert Frances e per la man Villelmo de San Later. (f° 20) Hujus rei teftes funt: Jofres de Bel Veer, Martis Pellicers, Villelmos de Marjais, Pero Gras, el Alamanz Lantelmos Guinamanz, Lervefcoins.

37

(Carta) de pueris Petri de Leivias.

Moderni difcant & pofteri quod pueri Petri de Leivas, Sifmonz & Ameus, dederunt Deo & domui Hofpitalis, pro anima patris fui & pro animabus antecefforum fuorum, terram quam habebant juxta ftratam, & exinde habuerunt elemofinis Hopitalis v. cenz L. fol. Hoc conceffit Falco de Leivas & Efmio de San Later, qui not x. fol., e Villelmos Raillarz, qui not x. fol. Hoc donum accepit domnus Lantelmus, Duranz Barnefres hoc vidit & audivit, Villelmos Cellarers, Villelmos Teifere, Pe-(v°)ro Dia, Girauz Palmeta, Bernarz Renco.

38

(Carta) de Bernart Vira Maza.

Sciant prefentes & futuri quod Bernardus Viramaza dedit fe domui Hofpitalis per manum Lantelmi & per manum Armanni procuratoris, & ipfi acceperunt eum pro fratre & prediĉtus Barnardus dedit domui campum de la Noiarata; poftea dedit v. fol. cenfuales, f(efto) Omnium

Sanctorum, tam diu seculo manere voluerit. Hujus rei testes sunt Duranz Barnefres, Villelmus Claviger, le Marchis, Villelmus Texor, Bernardus Renco.

39

(CARTA) DE PETRO FABRO. (f° 21)

MODERNI discant & posteri quod Petrus Faber dedit se ipsum Deo & pauperibus Jerosolimis pro fratre, per manum Marchisi; & predictus Petrus dedit domui Hospi-(ta)lis 1. guajeriam, quam ipse habebat deuz Bernarz per c. sol.: ficit de pace Disders Mals Vilans. Et dedit lo coin de l'olmo de la Chalm, que avia en gaje den Villelmo Malfait per xx. sol. e iij. eminas de segla; & donet lo champ de la Blacha, que avia en guaje den Villelmo Malfait per xxij. sol. e ij. sester de froment e i. de segla. Ad alium ordinem accedere non potest nisi consilio Hospitalis. Hujus convencionis testes (v°) sunt le Marchis, Duranz Barnefres, Villelmus Teisere, Lantelmus Guaspainnos, Lantelmos Mainnans, Lantelmos le prere, Micheuz, Villelmus Cornus, Pero Barnefres, Rigauz, Bernarz Renco le prere, Borno.

40

(CARTA) DE AMEU BERNART.

NOTUM sit omnibus quod Amæus Bernarz donet a l'Ospital la deserta de Perois per ij. sester de civa cessauz, ni neguna chosa ni negun plait no de guerre en iquesta vinna, mas ij. sest. de civa cessauz. Izo fo fait a la granja de Maza Peol, davant la crois, per la man Lantelmo Raimbaut, qui not i. emina de civa, Villelmus Coisarz not vi. den. Hujus rei testes sunt: Villelmus Teisere, Villelmus Cellarers, Micheuz, Choins, Guigo d'Anonai. (f° 22)

41

(CARTA DOMINE GUALBORS ET FILIORUM).

NOTUM sit omnibus quod domina Gualbors e sei fil Lantelmos e Pero donerunt e outreurunt la terra deuz

Gaures, que tenia Duranz de Geifans, a l'Ofpital per ʜ.
feſt. de fegla e ɪ. emina de clva ceſſauz: e per ital covenent
que neguna chofa no devont plus querre en iqueſta terra,
mas v. fol. de plait a mort d'omen de part euz, ſi li Rainer
partiant a celui cui li chofa aventaria a partia ʜ. fol. e vɪ.
den. de plait. Hoc laudaverunt & conceſſerunt domᵃ Gal-
bors, Lantelmos Rainers e Pero Rainers, e orunt en x. fol.
de loament, e Artauz de Chaſtellon qui not ʜ. fol. e Guigo
de Veraceu qui not xʜ. den. *(vᵒ)* Izo fo fait en la chambra
davant l'egleifa de l'Ofpital; teſtes funt: Duranz Barnefres,
Bernarz Renco, Lantelmos Gafpainnos, Villelmos Teifere,
Villelmus Cellarers & omnes alii fratres, e Pero Nerpous e
Pero Porchers. Lo vilanage comprerunt de Durant de
Geifans e de fas fillas xxx. fol. e ɪ. feſt. de meil, e las fillas
n'orunt una peza de charn.

42

(Carta) de Bonifaci de San Jorz.

Modernɪ fciant & poſteri quod Bonifacius de Sain Juorz
& uxor fua & filii fui Lantelmus & Bernardus & filie
fue Peifella & Margarita & Petrus Raimundus *(fᵒ 23)* &
filius ejus donaverunt & conceſſerunt totum hoc quod ipſi
poſſidebant apud Perois domo Hofpitalis Jherufalem, domo
fcilicet Sanᶜti Pauli & omnibus fucceſſoribus fuis, unde ipfe
Bonifacius fupra dictus habuit de helemoſinis Hofpitalis
mille folidos. Hujus rei teſtes funt: Matfres, Mallens de Sain
Juorz, Guigo Blancs, Armanz Trunneuz, Meillurez Ros,
Ugo le filz al terraillaor, Berillo d'Arenas. Hoc donum
acceperunt Bernardus Renco & Efmio Gafpainnos ante
januam fupradicti Bonifacii. Hoc conceſſit Arberz Peifel &
uxor fua & filii fui, Jofres, Efmio, Falco, Lantelmus &
Amblarda; hujus rei teſtes funt Ainarz de Breifeu, *(vᵒ)* Falco
de Pafferins, Jofres d'Orenja, Pero de la Foreſt, Guigo
Veiers, Falco de Breifeu, Villelmus d'Orenja, Ameus de
Columba, Sibues Bernarz, Bernarz le chapellans de Breifeu; hoc laudamentum accepit Bernardus Renco & Efmio

Gafpainnos, en la plaza de Breifeu. Hoc conceffit Girarz
Efguaras & uxor fua & filius ejus: hoc vidit & audivit Umbertus de Doennai, Algos de Monte Mirato, Pero Berlo,
Mations, Ogers de Mon Mira, Bernarz Chalva; hoc laudamentum accepit Villelmus Teifere, apud Montem Miratum,
ante domum Mationis. Hoc conceffit Villelmus Audeno &
juravit fupra fanctum altare ecclefie Hofpitalis, ne aliquid
ulterius in terram *(f° 24)* hanc aliquam injuriam faceret;
hoc laudaverunt & concefferunt Imio Peiffeuz, Pero Gon-
tartz; hujus rei teftes funt Chatbert de Sain Salvaor e Pero
Rigautz e Ws Teifeire e Chois, & alii fratres Hofpitalis.

43

Notum fit omnibus hominibus prefentibus & futuris
que na Meillureta a dona al l'Ofpital la chaofa que es
jofta lo bofc deuz Erizons e a en atju viii. fol. per tetemps
& ais falva de ceffaz iii. eminas de froment. D'izo es
garent a euz Artauz Rienz e liberi Souchers e Pero Aefmars
de Chafta, e chafcus di |queftos nac un fromage[1].

Notum fit omn. prefent. & fut. quod Lambertus Folcherius & Falco frater ejus & mater eorum vengrunt a pais e
a fin alla maifon del Hofpital de Hierufalem, fcilicet Sancti
Pauli, de totas las graufas que il aviant fovre la maifon[2].

(1) Ce paragraphe fe trouve fur la marge du f° 23 v° & a été complètement
gratté. — (2) Ce paragraphe (f° 24 r°) a été cancellé; voir la ch. 48.

44

(Carta) de Peron Pollet. *(v°)*

Saupva chaufa fia que Pero Pollez mes en gaje a la maifon de l'Ofpital comba Freoul, que li avia dona le donz
Arberz de Mon Mira, zo lei a faver i. fefter de froment ceffal,
per xxx. fol. En apres quant el allet a San Jacmen e el
donet aquefta chofa a l'Ofpital, e l'Ofpitauz donet li viii. fol.
e fos filz not i. gonella de x. fol. Hoc dedit & laudavit ipfe
met & filius ejus, et filia ejus & maritus ejus Martins
Richarz, davant lo forn Ponzon d'Avifan. Iceft don recit

Villemus Teiſeire; teſtes ſunt: Joanz de Perei, Pero Garners, Wa Chaſtanz, Aimo de Cerans, Ardencs de Gorne,
Joanz Farouz, Pero del Poi, Pero Porchers.   *(fº 33)*

45

(CARTA) DE N AMEU GIROUT.

NOTUM ſit omnibus quod Ameus Girouz de Creſpol vendidit Oſpitali de Sancto Paulo & omnibus ſucceſſoribus
ejus unum campum, ſuper ulmum quem habebat in teri-
torio de Sancto Paulo, CCC. ſolid. & retinuit in campo ſupra
dicto II. ſeſterz de froment cenſuales e v. ſol. de plait; & hoc
juravit in manum Petri Rigaudi ſacerdotis, & hoc laudavit
frater ejus Deſiderius de Creſpol canonicus & uxor & filii
ejus, qui habuerunt pro laudamento xx. ſol. Et iſtum conquerementum fecit Raimundus Faber, qui tunc tenebat
domum Sancti Pauli, & hoc laudavit *(vº)* Simonz de Chaſteillo, qui ſeurtaz de pais en fo & habuit I. em(inam) de
leû, & Bernardus Airars & habuit I. emin. leguminis, &
fratres ejus quod quiſque habuit VI. den.; & Petrus Bernardus & frater ejus ſunt ſeurtas de pais & firmaverunt in
manum Villelmi de Sancto Eleuterio. Teſtes hujus rei ſunt:
Durantus Barnafreis, Villelmus Teiſere, Guigo d'Anonai,
Antelmus Maignas, Villelmus des Chavaignas, Imbertus
des Chavaignas, Eſmios de Sº Eleuterio, Antelmus Rainers,
Artaudus Riens, Antelmus Guinamanz, Bernars de Veraceu, & omnes iſti ſunt teſtes, qui omnes comederunt ſimul
Hoſpitali.   *(fº 34)*

46

(CARTA ESMIDONIS DE CHASTEILLO).

NOTUM ſit omnibus hominibus tam preſentibus quam
futuris, quod ego Eſmido de Chaſteillo donavi domui
Hoſpitalis de Sancto Paulo v. pecias terre xxxta & I. libris,
& retinuit II. ſeſter de froment cenſuales; & filii ejus hoc
laudaverunt, & quiſque habuit VI. den.: & quandocumque ipſe perſolveret xxx. & I. libras vel filii ejus, debet recu-

perare terram fuam. Et hoc conquerementum fecit Rai-
mundus Faber; & hujus rei fidejuffores funt Villelmus de
Sancto Eleuterio & Petrus des Chavaignas & Antelmus
Rainers, Guigo de Chafteillo; teftes funt Petrus Rigaudus
facerdos, *(v°)* Durantus Barnafres, Villelmus Teifeire,
Guigo d'Anonai, Villelmus des Chavaignas, Artaudus
Riens. *(Charte cancellée)*.

47
(Carta Lantelmi Melioreti).

Notum fit omnibus tam prefentibus quam futuris, quod
domus Hofpitalis Sancti Pauli habet c. folidos el gaan-
nage e el pafquer de la terra Lantelmi Melioreti, quam ipfe
habet territorio Sancti Pauli. Et hoc fuit factum quando ipfe
perrexit ad Sanctum Jacobum; & hujus rei fidejuffor eft
Artaudus de Pifzanfa. Teftes hujus rei funt: Lantelmus de
Sancto Paulo, qui tunc regebat domum, Villelmus Claviger, Durantus Barnafres, Villelmus Teifeire.

48
(Carta) de La(m)bert Foucher.   *(f° 35)*

Notum fit omnibus tam prefentibus quam futuris quod
Lambertus Fougers & frater ejus Fulco & mater eorum
pacem fecerunt cum fratribus Hofpitalis, de totas las graufas que il aviant fovre la maifon de l'Oufpital, e l'Ofpitals
donet lor iiii. libras. Aizo fo fait per la ma Durant Barnafre,
davant las portas de la gleifa Sain Johan. Hujus rei teftes
funt Peiro Rigauz le preire e le prere de San Johan Guenis,
e Ws de Saint Later e Artauz Rienz e Bernarz Airatz, qui
omnes funt fide juffores de pace. E l'Ofpitauz lor donet iiii.
libras a la maire e auz fraires.

49
(Carta) de domina Aynarda.   *(v°)*

Annus M. CC. I. dicat & memorie paginam iftam reddat,
quod domini Hofpitalarii Sancti Pauli & domina Ay-

narda quondam uxór Aymari de Brifeu fecerunt commutationem, fcilicet de quadam vinea quam dedit domnus Arbertus Montis Miralis domui Hofpitalis, pro anima fua &
fuorum heredum atque antecefforum, que jacet fubter burgum Sancti Xpiftofori, & de uno campo que jacet in Cumbas cum fuis juris : videlicet ut dom^a Aynarda cum fuis
heredibus inperpetuum vineam poffideat & domus Hofpitalis
poffideat fimiliter campum cum fuis juris, qui campus dat
ii. fextaria frumenti annuatim. Hanc comutationem laudaudavit Aymarus filius dom^e Aynarde, & quicquid juris
habebat in fupradicto campo donavit domui Hofpitali, &
dom^a Aynarda (f° 36) juravit fupra fancta Dei Evangelia
bona fide tenere in pace, & promifit hunc facramentum
fieri facere poft v. annos filio fuo Aymari, & interim fide
juffores dedit Hofpitali dominum Algo Montis Miralis,
Garnerius, Emido Sancti Laterii & Matyons. Et fi dominus
Aymarus facramentum nollet facere nec commutationem
firmam tenere, domus Hofpitalis fuam vineam debet recuperare non deterioratam & dom. Aymarus fuum campum,
quia fic in principio inter fe convenerunt. Et jurando promifit defendere & in pace tenere omnia que habet domus
Hofpitalis Sancti Pauli in mandamento Montis Mirati; item
dom^a Aynarda promifit ut fi aliquis pro fupradicta vinea
vellet inquietare domum Hofpitalis, tenetur defendere ab
omni dampno & jactura cum jure & ratione. Hec commutatio facta fuit per manum fratris Chaberti Sancti Salvatoris,
qui tunc erat magifter Hofpitalis Sancti Pauli, (v°) Hoc
factum fuit in platea Montis Miralis, ante ecclefiam, v. kalendas octumbres (27 feptembre 1201); hujus rei teftes funt
ifti : dom. Marchifius frater Hofpitalis, frater Odricus Aquebelle, frater Willelmus Teifere, Falco de Brifeu, Falco
Jordans, Arbertus Peifelli, Bernardus Chalva & multi alii.

50

(Carta) de Lantelmo Melloret.

Notum sit quod Lantelmus Melloret de Payrins dedit Deo
& sancto Hospitali Jherusalem, nominatim domui
Sancti Pauli, omnia pascua suc terre Sancti Pauli, & inde
habuit mulam unam valentem c. solid. Viennensium, quam
equitavit apud Sanctum Jacobum. Hoc factum suit in presentia
domini Lantelmi, magistri domus; testes sunt Artaudus de
Pissanzan, dom^a Ramues, Willelmus (f° 37) Teysire, Willelmus Berbiers, Willelmus Cellarers, fratres Hospitalis.
Item Bernardus Meluret, filius Lantelmi, confirmavit donationem supradictam de pascuis, & inde habuit xv sol.
Viennen.; in presentia istorum quorum nomina subter legun-
tur hoc fuit factum: dom. Artaudus de Chasteillon, Emydo
Sancti Laterii, Lambertus Folcherii, Petrus Rigaudi,
Willelmus Teisere, Choi & Chaberti Sancti Salvatoris, &
multorum aliorum.

51

(Carta) de Andreu Richarz.

Saupva chousa sia que Andreus Richartz donet si meesmo
Deu e la maison del l'Ospital per fraire, e donet la terra
de Genevreias; aizo lauve æ autree Anna sa moller. En apres
Anna anet a fin e donet a la maison tota la terra que avia
en Genevreias; aizo donet e autreiet Ws lor filz. Aizo vit
e auvit le maistre Chatberz de Sain Salvaor, e Pero Rigautz
e Bernartz le preire e Bernartz Airartz e Bernartz de Veraceu (v°) e Ws. Teisseire e Ponz Bisclais e Pero Malfaitz.

Apud Vageiras, Pero Martins iii. cartals siliginis e xviii.
den. de plait, Pero Rainchis e Boios i. sester de segla de la
vinna e xviii. den. de plait, Pero Rainchis ii. sest. de segla e
imina del champ de la Cipta e iiii. sol. de plait, li Chalvet
iii. em(inas) de segla de las vinnas e iii. sol. de plait, Chatbertz Baro & Esteves sos cosis i. sest. de segla e xviii. den.
de plait, Esteves d'Ostæù e Monceuz i. em. de segla e viiii.
den. de plait de las vinnas.

52

(Carta) de n Oliver de Chasta.

Saupva chouſa ſia a ceus que ſunt ni que ſunt a venir , que Oliveirs de Chaſta e li Loiv venderon e doneron ſo que avion el mandament de Saint Poul a l'Oſpital de Saint Poul e aus poures de Jheruſalem , e l'Oſpitalz *(fo 38)* lor en done d. ſol.; e neſta vendoa es le cortilz Bernart de Fon Laurenz e le cortilz Utbaut, el cortilz n Audriu Chais e li meitas de la terra de Chain Lonc e li meitas de la terra de la comba de Forchas en Lai. Aizo conquis Lantelmos, le maiſtre de Saint Poul, en la preza n Arman de la Boici, el don Wmo de Sain Lateir e Lantelmo des Chavainnas e Wo des Chavainnas e n Artaut de Piſanza e Wo Cellareir e Pero Coireirs e Girautz Palmeta.

53

(Carta) de na Guigera.   *(vo)*

Na Guitgeira ſe dona a Deu e a l'Oſpital de Sain Poul e a poures de Jheruſalem per cofraireſſa , e a ſa fin la devon ſoſterra coma ſeror e deu lom metre joſta ſon paire , e per aizo dona I. em(ina) de froment en la vinna que tenon li Ros de las Coſtas, e xii. den. i a de plait. Aqueſt don fei a Monmira , en la maizon Bernart Chalva; e aiſo loeron ſei fil; e aiſo receup le maiſtre Chatbertz de Sain Salvaor e Wos Teiſeire , e Bernartz Chalva ſos maris.   *(fo 39)*

. 54

(Carta) de Artaut Rient.

Saupva chouſa ſia a ceus que ſunt ni que ſunt a venir , que Artautz Rienz vent I. champ ques al Charpen e autre al Cooneir, m. ſol. a l'Oſpital de Sain Poul, e ſa moller nag xviii. ſol. per una gonella; e aïzo jure Artautz Rienz ſobre l'autar quel ni li feu requifition mais noi fe effon, e Raineirs le Moines e Lantelmos Raineirs e Pero Raineirs, e fos filz Bonifacis e Lantelmos fos fraire. Aifo fo fait el tenement Chatbert de Sain Salvaor, quera maiftre de Sain Poul, e Willelmo Teiffeor e Pero Rigaut e Pero de Roibo.　　　　*(v°)*

55
(CARTA DE GUIGO E PEIRE FAURE).

Guigo Faure ꞓ Peire Faure donant a Deu æ a l'Ofpital de Saint Poul la terra ques jofta la granja de Maffa Peoil, e III. eminas de froment lor en deu faire l'Ofpitals ceffals ; e non i devon querre nula choufa plus. Aifo fo fait en la prehenfa Joan de Brez, lo chapella, e Peron Rigaut e We Teiffeire e Bernart de Verafeu e n Amieu Bernart.

56
(CARTA) DE ADREU RICHART.

Chosa faupva fia a celz qui funt e a celz qui funt à àve-nir, un champ qui eft en Genevres iczo donet, per s'arma domengement *(f° 40)* e per cella de fi mullier, Andreus Richarz, e Anna fa moiller e Wuillelmet fos filz ohant dona e loa a l'Ufpital de Saint Pol; e iczo à jura le filz que o teigna, e Motetz Bailles e Will. Taverna. De co eft tenus l'Ufpitau que cores que cel vingne a l'Ufpital de-dinz VI. anz e aport XII. libras, que li maifons lo deu recevre e vigne em pais fenz chalongo. Cefta charta fei faire en Chatbert de Saint Salvaor, lo premer an que el fo comandaire de l'Ufpital de Saint Pol. Per atos temps deu donar a ques enfas XII. den. a l'Ufpital *(v°)* e deu los rendre a Pantecofta. De czo eft garentia le Marchis, le maiftre de Monteilz, Peiro Rigauz e Will. Teiffere e Martins delz Reiauz e Clemenz delz Reiauz e Arnauz Monios e n Amiehus Monios e Berlo Mallenz e Roftaingz Bailles e Ugo Lobetz; tot iczo fu defini a maifon Clemenz del Reiauz, M°. CC°. IJ° *(1202)*.

57

(Carta) de n Artaut de Chastellon.

Notum sit quod n Artauz de Chastellon & uxor ejus & filius suus Nantelmez, & Nantellmus Rainers dederunt Deo & Hospitali de Sancto Paulo campum de Maza Peol per II. sexters de froment cessauz, & nil aliud debet habere nec petere; Nantelmus Rainiers not (f° 25) de luar VII. fol. , uxor de n Artaut not una emina de peis e n Artauz not XX. fol. Hoc fuit factum in maio, ante ecclesiam Hospitalis, coram Villelmo Tessior & Denensui & Petro Richauz & Chaberto de Sancto Salvaor magistro, qui hoc donum receperunt.

58

(Carta) de Johant Auchier.

Notum omnibus tam presentibus quam futuris, que Juans Auchiers & uxor sua Jordana ant guerpi ad Deu & sancte Marie & sancto Johanni & pauperibus & Hospitali de Sancto Paul tota la chosa qua habebant el mandament de Sancto Pol deis Iseran en cei; hoc donum juraverunt Johannes Auchiers & uxor sua Jordana bona fide teneri inperpetuum in pace, & filii sui similiter juraverunt hoc firmiter tenere ad opus infirmorum Hospitalis de Jherusalem & Hospitali Sancti Pauli, scilicet Filipa filia ejus supradicti Johannis & Artauz filius ejusdem Johannis Auchier & Auchers filius ejusdem. Chascuns & quodcumque jus quisque istorum haberet in isto dedit & vestit en la maison de l'Ospital de Sancto Pol, e donet en chascuns un gan en la man al maistre Chaberto nomine de Sancto Salvaur, qui erat maistre de San Pol. Testes sunt frater Garinus, magister de Valenza, & Petrus Brus, le maistre de Montez, e Chabers de San Salvaur, qui est magister de San Pol, e Pero Rigaus, Wilelmus Teissere, Rigauz Clagviger de Montez, Villelmus Abelz e Joanz d'Anonai e na Gaspanona,

Vilelmus Leiras e Guirbers Saurina, Selvo de Claireu, qui
eft datus de Motelz, *(v°)* Guigonet le efcuers del Marchins
e Pero li efcurs del maiftre de Valenza, e Bifclais e Praez
l'efcuers del maiftre de Montelz e Pero Provenzal l'efcuers
del maiftre de San Pol. Inde habuerunt ifte Johannes Auchiers & uxor & fui infantes viiiᵗᵒ libras Viennefium, &
unum porcum dederunt fupradicte Jordane Hofpitalarii.
Actum eft hoc in domo Sancti Pauli de Hofpitali de Pallirei,
jus en l'ort, anni Domini M. CC. IJJ, feria vii, nono x°
kalendas januarii, luna vii *(14 décembre 1203)*[1].

59

(CARTA) DE SYMON DE LEIVES.

SYMON de Leives dedit Hofpitali de Sancto Paulo totum
nemus quod habebat ad Clavion bona pace, falvo i. fextario de civa nil debet amplius petere; & ipfe Symon &
Bernars Airars dederunt terram del Gaureis, & nil debent
petere amodo preter ii. fext. frumenti. Artauz de Chaftellon
& Antelmus Reiniers dederunt Hofpitali de S. Pau terram
de Mazapeol, & nil debent petere preter ii. fext. fru.
neque eorum infantes in ifta terra : inde habuerunt xx. &
vii. fol. de veftifon, & i. eminam de geifes not li donna.
Petrus de Clara Vale dedit Deo & Hofpitali l'efpinace foz lo
pra de Mazapeol; & nil debet petere in hoc preter iii. eminas frumenti neque ejus infantes; & inde habuit xx. & v. fol.
de veftifon. Emio pater fupradicti Petri dedit Deo & Hof(pi-
tali) de S. Pauli lo pra a la fauzea del Rainiers, del qual pra
ipfe antea habebat iii. fext. & eminam fru. celfals: unum
vero iftorum fext. fru. dedit pro anima fua bona pace quando
ivit ultra mare; & in ifto neque ipfe nec heres ejus amodo
debet petere preter ii. fext. fru. & eminam. Terra entre
Morllez debet ii. fext. fru. & i. de civa, & nil amplius;
medietas del cortil de la Noirata ii. fext. fru. & nil amplius.
Ameus Bernars dedit Deo & Hofpi. lo mofc de Blacha

Vianna & vnam peciam de broera, & nil debet in ifto petere neque *(f° 26)* ipfe neque ejus pertinentes, preter 1. fext. de civa & IIII. den. Labertus Guers dedit Hofpitali la broera que erat als Charpenz & nobis fratribus ut rumperemus eam a l'oiteina inperpetuum, tali pacto quod uno & allo vero non debemus eam impingare.

60

(CARTA) DE LABER GUERS.

Notum fit omnibus quod Labertus Guerz dedit (Deo) & fratribus Sancti Pauli de l'Ofpital lo champ dels Charpenz e 1. eminal de terra el Gaureis, juxta pratum Aurtaudi de Pifanza, pro anima fua; inde h(ab)uit & xxᵗⁱ & vIIIᵗᵒ fol. de veftifon ab Hofpitalaribus: & tali pacto quod ipfe juravit firmiter tenere & nil debet in ifto amodo pete(re) neque alter preter II. fol. cenfalz. Hoc factum eft per manum Aurtaudi militis de Chaftellon; teftes funt ipfe Artauz & Martins presbiter, qui eft frater, Petrus Regalz, Villelmus Textor, Choins, Pero de Roibon, Bernars Claviger, Petrus Fouchers & Nantelmus Clericus, Moraz & Guillez de Chaftellon & Petrus Porchers, & omnes fratres domus: anni Domini M°. CC°. JJJ°, in menfe julii *(iuillet 1203)* actum eft hoc.

61

(CARTA DE DONO GAUFRIDI LOBETZ).

Notum fit omnibus qui hanc fcripturam legerint vel audire potuerint, quod Gaufridus Lobetz donavit & conceffit IIJ. fol. cenfuales, in terra que jacet fub quadam vinea P. Roubot, Deo & domui Hofpitalis Sancti Pauli; & hac donatione habuit a domo Hofpitalis Gaufridus unum equum pro x. libris. Hanc donationem juravit prefate domui Hofp. Gaufridus Lobetz & Guigo frater fuus, ut omni tempore in pace & fine calumpnia ab illis domus tenere videretur, & Defiderius frater fuus fimiliter hoc laudavit. Hoc factum fuit in tempore Chatberti Sancti Salvatoris, & hii teſtes: Pe. Rigaudi, Artaudus de Chaſtillo, Lambertus Foucherius. *(v⁰)*

62

(CARTA DE DONO BOVETI DE OSTUN).

NOTUM ſit omnibus tam preſentibus quam futuris quod, anno ab Incarnatione Domini M⁰. CC⁰ VII⁰, in die feſti ſancti Bernardi de Romans, in menſe januarii *(23 janv. 1207)*, Bovez de Oſtehun dedit, laudante filio ſuo Lanberto, in terra de Cloage VI. ſexteriatas de terra, Deo & beate Marie & pauperibus domus Hoſpitalis Jerhuſalem, pro anima ſua & predeceſſorum ſuorum: in hac ſiquidem terra predicta fratres Hoſpitalis libere poſſunt hedificare quicquid voluerint. Dedit eciam prenominatus Bovez jam dictis fratribus ad opus beſtiarum ſuarum paſcua tocius terre ſue, & aliam terram de Cloage ad octavam partem: hoc debet garantire & manute(ne)re pro poſſe ſuo in pace contra omnes homines; ſi vero domus Hoſpitalis fratres predictam terram de Cloage, illam ſcil. que eſt ad octavam partem, non poſſent colere aliquo incommodo accidente vel de guerra vel de paupertate, fratres non tenerentur erga predictum Bovet. Hec ſupraſcripta donaverunt predictus Bovez & filius ejus Lanbertus bona fide domui de Sancto Paulo, & hoc donum juraverunt ambo ſub ulmo Bolonie; *(fⁿ 27)* hujus rei teſtes ſunt: frater Chabertus preceptor Sancti Pauli, frater P. Rigauz, frater Martinus capellanus, frater Columba, Villermus Textris, frater P. de Roibon, Lantelmus Juvenis, Lantelmus Male Factus, dom. Lanbertus Calcans Vetulam, Petrus Richardus, Lantelmus de Laie, Lantelmus de Bolonia, Bonus Homo de Bolonia.

63

(CARTA DE DONO ANTELMI RENIERS).

NOSCANT preſentes & futuri quod Antelmus Reniers & uxor ſua & P. filius ſuus donaverunt Deo & beate

Marie & fratribus Hofpitalis de Sancto Paulo, pro animabus fuis & predecefforum, calumpniam quam faciebant
domui predicte, fcil. in tribus hortis & in nemoribus; hoc
in pace quitaverunt cum facramento, & frater fuus Petrus
Renerus fimiliter. Hujus rei teftes funt: frater Chabertus,
frater Petrus Rigauz, frater Villermus Textris, dom. Poncius Bruiaz, dom. Artaudus de Chafteillun, dom. Lanbertus
Focherus, dom. Symon de Chafteillun, Petrus Guefis. Et
in karitate habuit xl fol. & filius ejus i. cafeum.

64

(Carta Villelmi de Stabulo).

Noscant prefentes & pofteri quod Villelmus de Stabulo
querimoniam faciebat in helemofina patris fui Artaudi
de Pifenca, quam dedit & fideliter conceffit fancte domui
Hofpitalis de Sancto Paulo, & Odilo filius ejus, Potius
filius ejus & filius Odili, & quidquid juris habebant tactis
facris Evangeliis fideliter concefferunt; hujus rei pro laudatione, predicti conquerentes ccc. fol. Viennen. acceperrunt.
(v°) Fidejuffores funt: n Ofafetchi & Guigo frater ejus,
Arnaudus de Roians, Lambert Bovet, n Odol de Montelles,
Marro, Aemarus frater ejus, Ameuz de Copert; teftes funt:
Chatbertus tunc exiftens procurator ejufdem, Petrus Rigaudi,
Willelmus Textor, Martinus facerdos, Columbus & multi
alii, anno ab Incarnatione Domini M°. CC°. VIIJ° *(1208)*.

65

(Carta de dono Aquini et filiorum).

Noscant prefentes & pofteri quod Aquinus & uxor ejus
& filii fui, Petrus Aquini & Alemannus, & filie fue,
{(cil). Willelma & foror ejus, & Gaufridus Remeftains, maritus Willelme, & Petrus filius ejus dederunt Stephanum
Mofnerium Deo & Hofpitali Jherofolimitano, filicet domui
Sancti Pauli, & hoc juramento firmaverunt; pro hoc dono
dedit Hofpitalis Aquino vii. libras, pro laudamento uxori

ejus & duobus filiis suis xxx. solidos, Gaufrido Remestain &
uxori ejus xx. sol., filio suo ii. sol. Testes hujus rei sunt
Guido prior Sancti Boneti & Jordanus presbiter ejusdem
loci, in cujus manu factum fuit sacramentum super sacro
sancta Evangelia, ex precepto Chatberti preceptoris domus
Sancti Pauli, & W^us Gauterii & Petrus Bermondi & Bermondus filius ejus, & Aimo Chatberti & W. Abeils &
Martinus del Rials, Durantus Arnulfi, Andreas Cordarius
& filius ejus. Hoc factum fuit die Annunciationis Dominice
M°. CC° VIIII° ab Incarnatione Domini *(25 mars 1209)*,
procurante Chatberto domum Sancti Pauli.

66

(Carta de dono Bernardi Melioreti).

Notum sit omnibus tam presentibus quam futuris, quod
Bernardus Meluret & Antelmus frater ejus & Franco
nepos eorum dederunt & fideliter concesserunt domui Sancti
Pauli terram que est inter duas vias & inter grangiam Sancti
Pauli & cottonarium; pro hoc dono habuerunt d. solid.
Viennenses & unum palafredum, quando habierunt contra
Albigenses. Hoc donum confirmaverunt isti supra dicti &
mater eorum, supra sacro sanctum Evangelium manus
ponentes. Hujus rei testes: Chatbertus magister domus,
Petrus Rigaudi, Petrus Bruni, Coloms, Artadus de Chas-
tilon, Petrus de Roybo, Martinus, Villelmus Tector,
Antelmo Malfayt, Bostos, Petrus de Charay sacerdos,
Petrus Proencal, Petrus Porchers, Praet & multi alii; hoc
factum est in ecclesia Sancti Pauli domus Hospitalis.

67

(Carta de eleemosina Willelmi de Chalmen). *(f° 28)*

Notum sit omnibus tam presentibus quam futuris, quod
anno ab Incarnatione Domini M°. CC°. XI° *(1211)*,
quod elemosinam quod Willelmus de Chalmen dedit Deo
& pauperibus Hospitalis Jerusalem & domui Sancti Pauli,

hoc laudavit dom. Amedeus de Chafta & mater fua Lombarda & uxor fua, & quicquid juris habebant in hac helemofina donaverunt & concefferunt domui Sancti Pauli per facramentum. Hoc factum fuit ante januam ecclefie Sancti Johannis d'Auteveon. Hoc vidit & audivit magifter Chatbertus Sancti Salvatoris, qui tunc temporis erat preceptor domus Sancti Pauli; teftes funt: Martinus facerdos Sancti Pauli, Petrus Rigaldi & Colomps & Willelmus Teixeire & Bonftous & Guinifius, capellanus Sancti Johannis d'Aufteveô, & Artaudus de Chaftilo & Lantelmus Rainers & Lanberz Fouchers & Syfmonz de Chaftillô & Ameéus Bernarz & Lantelmus de Quinceu & Willelmus Duranz & Pero Beliarz & Aemarus de Furzôn & Petrus Soffreis de Chaftillô e le vefcoms. Propter hoc habuit dom. Ameeus de Chafta, de helemofinis Hofpitalis Sancti Pauli, LX. folid. & mater fua x. fol. & uxor fua v. fol. *(v°)*

68

(Carta de dono Amedei Girout).

Notum fit omnibus tam prefentibus quam futuris, quod anno ab Incarnatione Domini M°. CC°. XI° *(1211)*, certa chaufa eft quod domus Sancti Pauli debebat duo fextaria frumenti a'n Ameu Girout, de campo qui eft fuper ulmum: hec duo fextaria & quicquid juris habebant in hoc campo donaverunt & concefferunt ipfe & filius ejus Girardus domui Sancti Pauli. Hoc juraverunt ambo tenere in pace in perpetuum, fuper altare Hofpitalis domus Sancti Pauli, fcilicet Beate Marie femper Virginis, & per facramentum habuit conventionem quod faceret laudare fratrem fuum Defiderium & uxorem fuam & filiam fuam & fuum maritum Petrum Ardenc; hoc dono habuerunt de helemofinis Hofpitalis Sancti Pauli Ameus Girouz & filius ejus Girardus XI. libr. e v. fol. Teftes funt: magifter Chatbertus Sancti Salvatoris, qui tunc erat preceptor Sancti Pauli, & Martinus facerdos Hofpitalis Sancti Pauli & Petrus Rigaudi & Willelmus Texere, Colomps & Boftos

& Lantelmus Meilloretz & Petrus Roibon & Martinus frater
& Borrellus & Johannes Irizons & W. Ufanna & Ugo li
peftre *(f° 29)* & Johanz Bollus & Johanz Fouchers &
Petrus Josberz & W. Blancs & Guigo li mouners & Bel-
lions & Turpins & multi alii.

69

(Carta de dono Bernardi Airardi).

Anno Incarnationis Dominice M°. CC°. XI°, ii. kalendas
feptembris *(31 août 1211)*. Certa res eft quod domus
Hofpitalis Sancti Pauli debebat duo fextaria frumenti dom°
Airardo Bernardo militi, unum fextarium de canpo del
Coogner & aliud de Canrois. Hec duo fextaria predicta
dedit & conceffit jam dictus Bernardus in helemofina domui
Sancti Pauli ipfe & filii fui, Bernardus & Guigo, & uxor
ejus & filia ejus, uxor Guigonis Chais; hanc elemofinam
liberam & abfolutam donaverunt inperpetuum ifti fupradicti, & fupra fanctum altare juraverunt tenere in pace in fem-
piternum. Tunc temporis regebat domum Sancti Pauli frater
Chabertus, frater Bermundus prior erat Sancti Egidii, *(1°)* qui
prenfens adfuit; teftes funt: dom. Martinus presbiter Sancti
Pauli, frater Bernardus capellanus prioris, frater P. Rigaudus, frater Willermus Textor, frater Colunbus, frater Bonus
Tous, frater P. de Roibon, frater Martinus focius ejus,
frater Johannes Herinatius, frater Borrellus, frater Lantelmus Male Factus & nepox ejus, P. Armandus, Lanbertus
Folcherius, miles de Caftellione, Artaudus Rienz, Lantelmus Renerius, Simon de Caftellione, Guigo de Quince &
frater ejus Lantelmus.

70

(Carta de dono Franconis Meillioreti).

Notum fit omnibus tam prefentibus quam futuris, quod
anno ab Incarnatione Domini M°. CC°. XII° *(1212)*,
Franco Meillioretus dedit terram cum nemore, quam habe-

bat apud Sanctum Paulum, Deo & pauperibus Hofpitalis
Jherufalem, quando perrexit in Yfpaniam, f(cil). domui
Sancti Pauli; & hoc dono habuit xiiii. libras Viennenfes de
helemofinis Hofpitalis S¹ Pauli. Et hoc juravit Franco fupra
dictus & avunculi fui, (f° 3o) fcilicet Bernardus Meillorez
& Lantelmus frater ejus, juraverunt fimiliter fuper altare
domus Sancti Pauli, f(cil). Beate Marie femper Virginis,
tenere in pace in perpetuum. Teftes funt: Artaudus de
Chaftillo, Lantelmus Rainers; hoc fuit factum in tenemento
Chatberti Sancti Salvatoris, qui tunc temporis preceptor
erat domus Sancti Pauli; Petrus Rigaudus & Martinus
facerdos, Coloms, Willelmus Teifeire, Lantelmus Meillo-
res, hofpitalarius, Lantelmus Malfaiz, Petrus Roibos &
Martinus, Borrellus, Umbertus Rufus, Stephanus Molners,
Guigo Molners & Petrus Cellares & Petrus Armans clericus,
Aimo del Lariz & multi alii.

71

· (CARTA DE DONO GUIGONIS DE CHINCEU ET UXORIS).

Notum fit omnibus tam prefentibus quam futuris, quod
anno ab Incarnacione Domini M°. CC°. XJJJ° (1213),
Guigo de Chincéu & ejus uxor Garcina dederunt pratum
de Maroch Hofpitali domus Sancti Pauli, pro quo domus
Hofpitalis dat eis pro cenfu annuatim xv. fol. tantum &
nichil aliud; & domini Hofpitalis dederunt pro inveftitura
eifdem vi. libras & dim°¹. Et hoc imperpetuum juraverunt·
fupradicti Guigo & ejus uxor Garcina in pace tenere; & hoc
fuit factum in tempore Chatberti Sancti Salvatoris, qui tunc
temporis erat preceptor Hofpitalis domus Sancti Pauli.
Teftes funt: Petrus Rigaudùs, miles & hofpitalarius ejufdem domus, Martinus facerdos, Willelmus Teftor, Columbus frater, frater Chois, Stephanus Molners, Lantelmus
Meilloretz, (v°) Lantelmus Malefactus, Humbertus Ruffus
frater, Petrus Claviger frater, Petrus del Verger, Johannes Agatharius frater, Martinus frater, Johannes Herizons,

Bonus Tonſus, Guio Lobetz miles, Falco Bernardus, miles de Creſpol, Falco de Baiſſis, Raimundus clericus de Pernanz. Et ſupradiĉtum pratum habet aquam a die martis bos deſliantz uſque in diem mercurii bos deſliantz. Et hoc fuit faĉtum in platea de Pernanz, ſubter ulmum.

72

(CARTA DE DONO LANTELMI RAINERII).

NOTUM ſit omnibus tam preſentibus quam futuris quod anno ab Incarnacione Domini Mᵒ. CCᵒ. XJJJᵒ *(1213)*, Lantelmus Rainerius donavit domui Hoſpitalis Sanĉti Pauli campum unum quem habebat, qui tenebat uſque ad fontem de Furchis, & alium qui tenebat uſque ad vineam de Rigaudis; & hanc ſupradiĉtam terram habent domini Hoſpitalis ad cenſum per III. eminas frumenti annuatim, quas debent ſupradiĉto Lantelmo & nichil amplius. Preterea donavit eiſdem dominis Hoſpitalis alium campum qui vocatur Bramam Fam, ſupra balmam de Rigaudis : & ita ſunt tres pecie terre. Et hoc j(u)ravit prediĉtus Lantelmus & ejus filius Lantelmus in pace tenere in perpetuum; & prediĉtus Lantelmus habuit pro veſtiſon xx. ſolidos. Et hoc fecit Chatbertus Sanĉti Salvatoris, qui tunc temporis erat preceptor domus Sanĉti Pauli, & Petrus Rigaudus, omnibus fratribus videntibus & audientibus & preſentibus.

73

(CARTA DE CONTROVERSIA PETRI ET AYMONIS DE CLARA VALLE).   *(fᵒ 31)*

ANNO ab Incarnatione Mᵒ. CCᵒ. XIIIIᵒʳ, kalendas ſeptembris, primo die ejuſdem menſis *(1ᵉʳ ſept. 1214)*, notum ſit tam preſentibus quam futuris quod controverſia, que erat inter Petrum de Claro Valle & Aymonem fratrem ejus de prato de ſubter Macopiolᵗ, de quo domus Hoſpitalis debebat prediĉtis fratribus III. eſminas frumenti annuatim, pacificata fuit in eccleſia Sanĉti Johannis per manum fratris

Senioreti, tunc preceptoris Burgundie, in hunc modum:
ante dicti fratres Petrus & Aymo, de controverfia de jam
dicto prato de Macopiol & de fextario frumenti debitali,
quod Emio pater eorum domui Hofpitalis dederat, in quo
calumpniam moverant & de omnibus querelis que fuerunt
inter eos & Hofpitale ufque in hunc diem, pacem juraverunt & laudaverunt bona fide, & de dominis & de omni
infurgente queftione garentire promiferunt, exceptis III.
efminas f(r)umenti quas dicta domus eis perfolvet annuatim,
dum in pace tenebunt, ad menfuram de Romans que tunc
temporis erat; fi tamen in pace non tenerent, cenfus tenetur Hofpitali pro querelis.

(1) On a effacé ici *quod Emio de Chaftellun pater*.

74

ITEM, eodem die, de calumpnia quam Wilelmus Loix
& Emio Oliverus faciebant domui Hofpitalis, de terris
quas patres eorum vendiderant domui Hofpitalis D. folidis
in mandamento de Sancto Paulo, ficut in fupra dicto
fcripto continetur concordia facta fuit, ita quod bona fide
laudaverunt & pacem juraverunt; & predictus Vilelmus
habuit a domo Hofpitalis xv. folid., & Emio Oliverus x.
fol. & II. fextar. de civa.

75

ITEM, eodem die, Lambertus Fulcherius dedit fe domui
Hofpitalis, ita quod quandocumque in pace poffit venire,
domus eum pro pace recipiat, & juravit quod ad aliam non
veniat religionem; & dedit predicte domui VI. fext(arias)
terre, quas Guilinus facerdos Sancti Johannis ab eo in
pignore habebat pro C. folid.: & fi vivens veniat, C. fol.
debet reddere de quibus terra redimatur.

76

(CARTA DE DONIS ARTALDI DE CHASTELLON).

Notum fit tam prefentibus quam futuris, quod Artaldus de Chaftellon eft donatus Hofpitalis Sancti Pauli, & poteft venire (fi) voluerit fine querela; qui predictus Artaldus dedit, pro anima patris fui & matris fue & fratris fui & pro fua, campum de Genevreias (vº) & I. cortile apud Sanctum Paulum, quod donat II. fextaria frumenti annuatim domui Sancti Pauli, & dedit duas fextarias terre, que funt fuper ulmum Sancti Pauli, & dedit IIIIᵒʳ nummos cenfuales, in vineis quas habet Hofpitale Sancti Pauli apud Perois, & VI. nummos cenfuales per curfum aque, quam recipit fubtus molendinum de Machet in terra Artaudi fupradicti. I(f)tam donationem eodem die recognovit & laudavit, & Antelmus filius ejus & Bonefacius laudaverunt & pacem juraverunt. Steftes predictarum donationum: frater Senioretus, per cujus manum facta funt hec, & frater Chabertus & frater Guigo & frater Martinus capellanus & Guilinus facerdos Sancti Johannis & frater Petrus Rigaudus & frater Dalmatius & frater Wilelmus Tiffiere & frater Columbus & Petrus Cellarius, Petrus Rainers, Antelmus Rainers, Lambertus Folcher, Artaldus de Chaftellon, Symon de Chaftellon, Amicus Bernardus, Guigo de Quinceu & Petro de Clara Valle & Aymo frater & Algoudus de Monte Mira & Artaudus filius ejus.

77

(CARTA DE DONO LAMBERTI D'OUSTAU).

Notum fit omnibus hominibus tam futuris quam prefentibus, quod anno ab Incarnatione Domini Mº. CCº XVº (1215), donavit & conceffit pro elemofina Domino Deo fanctique Johanni & fancte domui Hofpitalis, pro anima fua & patris fui & omnium predecefforum fuorum, Lambertus d'Ouftau in terris quas tenebat & colebat de ipfo al

Cloatge Hofpitale, fcilicet medietatem octave partis quam ipfe accipiebat; unde conftat quod de cetero non debet accipere nifi fexdecimam partem. Hujus rei teftes funt: frater Chatbertus, domus Sancti Pauli preceptor, frater Martinus capellanus, frater Dalmacius, frater P. Rigaldi, frater W. Texor, frater Columba, W. de Belreguart miles, Odolus de Montelles & filius ejus, Richarts, Ademarus Marro, Lambertus Folcherii, Richarts lo guers de Montelles.

78

(CARTA DE DONO LANTELMI DE SANCTO LATERIO). *(f° 32)*

Notum fit omnibus hominibus tam prefentibus quam futuris, quod Lantelmus de Sancto Laterio donavit & conceffit Deo & domui Hofpitalis Sancti Pauli omnem curfum aque de Giofa, die fabbati a bovibus disjungentibus ufque ad craftinam oram jungendi boves; & Hofpitale fumit aquam fubter molinarium Lamberti Folcherii, in terram elemofine quam dedit Hofpitali Artaldus de Chaftillo. Item Artaldus de Pizenfa dedit curfum iftius aque Hofpitali, die jovis a bovibus disjungendis ufque ad craftinam oram jungendi boves. Item W. de Chalme donavit pratum unum, qui jungitur cum terra de Guigo d(e) Quinfeu, & curfum aque predicte, die dominica a bovibus disjungendis ufque ad craftinam oram jungendi boves, fcilicet tertiam partem.

79

(CARTA DE DONO LANTELMI RAINERS).

Notum fit omnibus ominibus prefentibus & futuris quod Lantelmus Rainers donavit & conceffit, pro anima patris fui & omnium predecefforum fuorum, domui Ofpitalis Sancti Pauli un cortil que teneia Efteves Salvare, lequals fai unum fextarium frumenti e vi denarios d'ublias e viii chapos en naoft, e ii galinas e una a Carefmantran; item lo cortil que tenia Efteves Galietz, lequals fai iii eminas de froment e ii chapos en aoft e una galina a Quarefmantran. Item Lantelmus Rainers donet e autreiet lo cortil que tenie Lantelmus d'Efmers, lequals fai i. fextarium frumenti e ii chapos en aoft; item lo cortil quod tenet Ugo le peatjare, lequals fai ii. fextarios frumenti: e per izo en Chatberz de Sant Salvaor, qui adonc tenia la maifon, donet Lantelmo Rainer vc fol. de Vianes. *(vº)* Izeft don loet e autreiet Per Rainers fos fils e W. frater ejus e na Lantelma foror eorum & domª Armana lor mare: ifti predicti juraverunt fuper fancta Evangelia jamais ren non i quefefant e per atoftems o teneffant a la maifon em pais. Teftes funt: Chatbertus de Sancto Salvatore, qui zeft don rezcit, en Pero Rainers frater Lantelmi, Artalt Rientz, Lantelmus filius ejus, Lantelmus Efmio, frater Columbus, Per Claviger, Ste Mouners, Nicolaus del Verger, Per frater ejus, W. Charop, W. Teifeire, J. Erizon, Foucherius, Lantelmus Mal Faitz donatus, W. de Pernanz, Tomas, Barnardus Mouners e en Choins & plures alii.

80

(CARTA DE ALMOSNA LANTELMO RAINERS).

LANTELMUS Rainers dedit fe Deo & pauperibus Ofpitalis Jerufalem, e fei almofna per Deu e per s'arma, e quar fu frer a fa fi de tota dreitura que o eft en Chapole. Izefta almofna juraverunt uxor fua & pueri fui, cilicet Per Rainers, W. frater ejus, Lantelma foror eorum. Izo fo fait en la teneifo en Chabert, qui erat commendator Sancti Pauli; fteftes funt: Per Rainers, Artaldus Riens, Lantelmos Efmio, Lantelmus Artaldus, item frater Columbus, Per Claviger, Per del Verger, en Choins, W. Charops, Ste Mouners, Lantelmus Malfaiz, W. de Pernanz, Tomas, Laurencius de Sant Sol & multi alii. *(fº 41)*

81

A   B   C   D   E   F   G

Notum fit omnibus tam prefentibus quam futuris quod mater Johannis Faucherii reddidit fe Deo & Sancti Johannis Hofpitali, de Sancto Paulo fcilicet domui: tali pacto factum eft hoc quod fupradictus Johannes filius ejus, quandocumque vellet, ficut frater & hofpitalarius recipi debet in pace, fine omni occafione. Et uxor fua fimiliter fine cruce recepta fuit, tali pacto quod fi prius moreretur quam maritus ejus fepeliretur ficut foror cum cruce; & habere debent ufque ad finem fuam carnes & libram ut alii fratres in feftis & dominicis diebus. Et pactum fuit quod fi alter illorum plus vixerit, a fupra dicta domo & magiftro & ab omnibus fratribus debet protegi & cuftodri & confulari & adjuvari quafi frater aut foror; & uxor fupradicti Johannis Faucherii fi fupervixerit maritum fuum & voluerit crucem habere debet, fi poterit debet, fin autem poterit dare non debent contradicere, fet recipere fi alias feminas recipiuntur in tempore illo. Teftes funt: Chabertus de Salvatori, qui tunc erat magifter de San Pol, qui hoc pactum fecit, Emio de Chaufenz, Martinus presbiter del Pont, Petrus Regauz, Choins, Bernars Claviger, Petrus de Roibon & omnes alii fratres & forores, & Villelmus Textor.   *(f° 42)*

82

(CARTA DE DONO DOM[1] THEOTBERTI DE CHASTEILLON).

Quoniam labilis eft hominum memoria, idcirco prefenti fcripture mandamus fubjecti negocii veritatem. Noverint igitur univerfi ad quos prefens fcriptura pervenerit quod dominus Theotbertus de Chafteillon, cum confenfu & voluntate Falconis filii fui, dedit Deo & domui Hofpitalis Sancti Pauli, pro anima fua & predeceflorum fuorum, pratum quod eft contiguum prato delz Arbertenc, pro quo dicta domus faciebat eifdem Theotberto II. fol. cenfuales;

dedit etiam iſdem Theotbertus prefate domui campum qui
eſt contiguus campo quondam Willelmi Aignel, pro quo
Berllo Chapuis fatiebat ipſi Theotberto tempore donationis
unum frumenti ſextarium cenſualem. Prefata vero domus
dedit ſepe diĉto Theotberto viiii. libras Viennenſium, preſ-
tito ab eo juramento ne unquam contra diĉtam donationem
veniret, ſet pro poſſe ſuo eam ſemper defenderet & manu-
teneret; hoc idem juravit diĉtus filius ejus Falco, & habuit
inde x. fol.; conſiliarii vero patris ſui Theotberti, Petrus
Rainers & Artaudus de Chaſteillon, habuerunt inde xx. fol.
Aĉtum in ecclefia domus Sanĉti Pauli, anno Incarnati Verb
M°. (v°) CC°. XIIII° (1214) & per manum Theotberti
Sanĉti Salvatoris, qui erat tunc magiſter pretaxate domus
Sanĉti Pauli; teſtes ſunt prenominati Petrus Rainers &
Artaudus de Chaſteillon & filius ejus Lantelmetz, Berlio
Chapuis & Martinus filius ejus & Deſiderius filius ejus ſimi-
liter, Clementius Molendini, W. Grangerius, Petrus Blancs,
. Petrus de Fura, Martinus cappellanus, Petrus Rigautz,
Petrus Coloms, W. Teiſſere, Lantelmus Malfaitz, Lantel-
mus Meilluretz, Petrus del Verger, Dalmais della Poipa,
Petrus Cellararius, Stephanus Moſners, Bôſtôs, Petrus de
Roibon, Villelametz Charôps, Choinus; & Garnerius Laura,
qui dicebat ſe bajulum dom¹ Theotberti, habuit inde unum
ſextarium frumenti.

83

E ODEM Incarnationis anno & per manum prefati magiſtri
& Petri Rigaudi fratris, qui erat cum eo, emit diĉta
domus Hoſpitalis Sanĉti Pauli campum de las Genevreas x.
libris ab Armanno Richardo de Chaſteillon, uxore ipſius
Màigna Marcellina & fratre ejuſdem Petro Richart laudantibus diĉtam venditionem; quam etiam diĉtus Petrus jure
jurando ratam habuit & habuit inde unum ſextarium frumenti, & Symon de Chaſteillôn eorum avunculus ſimiliter.
& habuit inde (fº 43) v. fol., ſimili modo Barnardus

Airartz & habuit inde eminam fabarum. Actum in ecclefia
dicti Hofpitalis; teftes funt Petrus Chanavers de Czaczàus,
Guigo Gerento d'Aufteûn, Willalmetz Papabôs, Petrus
Lare, W. Jovenceuz le Gras & Poncius nepos ejus, Johan-
nes Brûns & Johannes filius ejus, Petrus Tortoiffeuz, W.
Arnoutz de Pernanz, Ugo lo peagare, Petrus Faber de
Saint Later, Artaudus de Chafteillon & Symonz, Barnar-
dus Airartz, Petrus Rainers & Petrus nepos ejus; item
fratres domus : Martinus cappellanus, Dalmais della
Poipa, Petrus Coloms, W. Teifferes, Lantelmus Mal
Faitz, Bonftôs, Lantelmus Meilluretz, Petrus Cellarers,
Stephanus Mofners, Petrus del Verger, Villelametz Cha-
rops, Choins.

84

ITEM, eodem Incarnationis anno & per manum ejufdem
magiftri, emit precio xxiii^{or} librarum eadem domus
Sancti Pauli a Johanne Cuiffin & fratribus fuis Petro &
Willelmo quicquid habebant apud Sanctum Paulum a domo
Hofpitalis ufque ad Yfaram & a granga de Favairolas ufque
ad ulmum de Mal Sender, pro quo etiam dedit confiliariis
eorum de drualias XL. fol. Quo facto juraverunt dicti venditores ne dictam venditionem aliquando revocarent, Petro
Rainerio de falva venditione dato fidejuffore (v°) & Poncio
Bertran fimiliter, qui eciam juravit ficut venditores ne contra
dictam venditionem veniret; hoc idem juravit Guigo Bertrans frater ejus & Petrus Vervouz, qui tres erant cognati
venditorum. Teftes funt Petrus Rigautz, Martinus cappellanus, Colomps, Willalmetz Charops, Lantelmes Mal Faitz,
Bons Tos, Petrus del Verger, fratres domus; item Mico-
laus del Verger, Lantelmus filius Artaudi de Chafteillon,
Guigo Jarento. Quando Petrus Vervouz juravit, prefentes
fuerunt Theotbertus de Sancto Salvatore, Petrus Rigautz,
Martinus cappellanus, Coloms, Willalmetz Charops, Petrus
Cellarers, Stephanus Mofners, Petrus Rainers, Pero
Taillius, Pero d'Eimers & Pero Chanavatz. Actum Roma-

nis, apud fontem Laurencii. Et notandum quod pecunia que data fuit pro prato dom⁴ Theotberti de Chaſteillon & pro campo Armanni Richardi & pro rebus delz Cuiſſis, ſoluta fuit de centum libris quas W. Charops dedit Deo & domui Hoſpitalis Sanꝗi Pauli, pro ſe & pro uxore ſua & nepote eorum Villalmet.

85

DE eadem etiam pecunia fuerunt mille ſolidi quos dicta domus ſolvit pro campo quem adquiſierat a Bonifacio Baguel ſub Perôs. Acceperat enim dictos mille ſub uſuris & longo tempore dederat xx. ſextarios frumenti nomine uſurarum; unde dictus magiſter Theotbertus, *(f° 44)* cum conſilio fratrum ejuſdem domus, conceſſit amicis prenominati defuncti, ut pro dicto Bonefacii campo dicti mille ſolidi ſolverentur & in memoriam ejuſdem defuncti campus acquiſitus perpetuo cenſeretur. Actum hoc Romanis, in domo Hiſmidonis Charop & per manum, ut dictum eſt, ſepe dicti magiſtri Theotberti, preſentibus & laudantibus fratribus ejuſdem domus, Martino ſacerdote, Petro Rigaudi, Columbo, Chuino, Petro Cellarario, dom⁴ Beneſtant uxore defuncti & Villalmet nepote eorum, preſentibus etiam Lagerio Praet, Barnardo Lantelmi, Hiſmidone Charop, Petro Dacra, W° Abeil, Petro Girberti, Rencone filio Barnardi Lantelmi, Johanne de Mors & magiſtro Girberto, canonico Romanenſi, qui voluntate parcium preſentis ſcripture teſttimonio preſcripta negocia comendavit.

86

(CARTA DE ACQUIRIMENTO A MARTINO DE PISANCHAN).

NOTUM ſit omnibus tam preſentibus quam futuris, quod Cabbertus de Sancto Salvatore, de communi conſilio fratrum Sancti Pauli, acquiſivit de Martino de Piſanchan xi. ſeſters frumenti, quos habebat cenſuales in grangia de Maſcapeul & in tenementis qui fuerunt den Artaut Didere de fun fraire; & acquifivit tali modo quod predictus Martinus in parte dedit Deo & Hofpitali predictam annonam & in parte vendidit, ita f(cil). quod LXII. libras Viennen. ei pro empcione dedit predictus Cabbertus, & ipfe predictus Martinus propter hoc conceffit, laudavit & quicquid juris ibi habebat omnino finivit & conceffit & receffit inperpetuum habendos fancte domui Hofpitalis, tactis facro fanctis Evangeliis. Et iftam venditionem (v°) concefferunt & laudaverunt mater & fratres & forores, & juraverunt quod de cetero non venirent contra predictam donationem five venditionem; & ut ifta venditio rata & firma permaneat fidejuffores funt ifti: Artaldus Leders, Falco Canabas. Hujus rei teftes funt: frater Martinus presbiter, P. Rigauldus frater & frater Columbus, frater W^{us} Carop, frater J. Equeterius, frater P. de Viridario, P. cappellanus de Montelz; Falco Longus, in cujus domum factum fuit, P. Rainerius, Lambertus Fulcherius, Artaldus de Caftellon, Nantelmus Rainers, W^{us} Abel, W^{us} Lara, J. de les Rials, Ardengs Arbertus. Actum anno gratie M. CC. XVII (1217).

87

ITEM, eodem anno emit predictus Cabbertus, preceptor domus Sancti Pauli, de Lantelm Meloret terram & nemus que funt fubtus Macapeul, que tangunt nemus del Cuifins, inter duas vias que ducunt verfus Uves, & juravit propria manu, tactis facro fanctis Evangeliis, quod de cetero nichil repeteret predictus Lantelmus, & conceffit & laudavit in perpetuum habendum fancte domui Hofpitali Jerufalem fine aliquo retenemento. Eandem venditionem concefferunt & laudaverunt & etiam juraverunt obfervaturam B. Meloret frater ipfius, Franco nepos ipfius, P. Rainers. Hujus rei teftes funt: frater Martinus presbiter, frater Columbus, frater P. de Ruibun, frater P. Celerarius, frater W^{us} Carrups, frater P. de Viridario, frater S. Moners, Lantelmus Meloret frater, Lantelmus Malfat.

88

(CARTA DE DONO BERNARDI BAUDENCS).

IN nomine Domini, anno ab Incarnatione Domini M°. CC° X° VII°, x° viii°. kalendas januari (*15 décembre 1217*), Bernardus Baudencs pro redemptione anime sue dedit, laudavit & conceffit (,....) & omnibus accionibus fi que fibi competebant & exceptionibus, etiam exceptioni non numerate pecunie, Deo & pauperibus fancte domus Hofpitalis Jerufalem & maxime domui de Sancto Paulo, terram & campum deu Carpent, que contigua eft terre W¹ Durant verfus occidentem; & frater Chabbertus, qui tunc erat preceptor in predicta domo, dedit predicto Bernardo xlv. fol. Viennenfis monete, & predictus B. tactis facro fanctis Evangelii(s) juravit quod decetero non veniret contra predictam donationem. Hujus rei teftes (*f° 45*) funt: Ginifius facerdos, P. Rainers & Antelmus frater fuus & B. Borreus, Gilis nepos facerdotis, Martinus facerdos frater Hofpitalis, frater P. Rigaudus, frater P. Columbus; & hec acta fuerunt in domo facerdotis Sancti J[ohan]nis d'Auteveun, juxta ignem.

89

ITEM, eodem anno, Petrus Alers & uxor ejufdem Petri & filius dederunt, laudaverunt & concefferunt pleno jure inperpetuum poffidendum, Deo & pauperibus fancte domus Hofpitalis Jerufalem & domo Sancti Pauli, tenementum quod poffidebant a Mont Miraut, quod modo poffidet Aimo de Sarans, & tenetur propter predictum tenementum predicte domui i. fefter frumenti & ii. den. reddere fingulis annis debitales; & quod decetero non venirent contra tam P. quam uxor quam filius, tactis facrofanctis Evangeliis fe obfervaturos juraverunt. Hec acta fuerunt apud Sanctum Paulum; hujus rei teftes funt Cabbertus del Fajeu, Aimo de Serans & filius, frater Martinus facerdos, frater Columbus, G. Charops, Altelmus Mau Fait, S. Moners, P. Celerarius: omnes ifti fratres funt. Et propter predictam donationem preceptor Sancti Pauli frater Cabbertus dedit eis LX. folid. Viennenfis monete.

90

(CARTA DE DONO GIGONIS CHAIS DE CHASTILIO).

Notum fit omnibus ominibus tam prefentibus quam futuris, quod Gigo Chais de Chaftilio dedit & concedit Deo e a la maifo de l'Ofpital de Sancto Paulo lo champ de Genevreias, zelo que era feus qui toche a l'eftràà; iftud donum recepit Chatbertus (de) Sancto Salvatore, qui tunc erat preceptor, e per izeft don dedit de las almofnas de l'Efpital predictus Chatbertus IX libras e dimeia de Vianes e lo chaval ner; e per izo Gigo Chais e Lantelmus Efmio fos cofis juraverunt fuper fancta Evangelia, que izefta chofa tenefant em pais a la maifon de l'Ofpital nunc & in perpetuum. Izo autreiet mater predicti Guigone e ot en II fol. & filia ejus II fol. & uxor predicti Guigone II fol., Lantelmus Efmio II fextarios avenæ, (v°) Barnardus Aerarz I. fextarium avene, Per de Cleres Vauz I fextarium avene. Per Rainers e Per Sofnes, Artaldus Riens & filius ejus Lantelmus, ifti funt teftes ex parte Guigoni; ex alia parte, Columbus, Per Claviger, Ste Mouners, Joan Irizos, Per del Verger, W. Charops, Joans Legaters, Nicolaus del Verger, Lantelmus Malfait, Tomas, W. de Pernans & multi alii.

91

(CARTA DE DONO LANTELMI ESMIONIS).

Notum fit omnibus ominibus prefentibus & futuris, quod Lantelmus Efmio dedit & conceffit Deo e a l'Ofpital de Sancto Paulo la vini que fu Joven Riveiri e lo cortil quod tenet Per Tortoifeus, lequals fai I. fextarium frumenti e II chapos en aoft. Izeft don juret predictus Lantelmus fuper fancta Evangelia & fa molier Lantelma, que jamais ren en zefta chofa no demandeffan, & nunc & inperpetuum o tengueſſan em pais a l'Eſpital; e per izeſt don frater Columbus, qui adonc era comandare, donet prediȼti Lantelmi & uxori ſue de les almoſnes de l'Eſpital vii libras e dimeia de Vianes. Steſtes ſunt e fianzes Per Rainers e n Artauz Rienz e Peronez Rainers de pais; item ſunt teſtes frater Columbus, qui iſtud donum recepit, Barnardus ſacerdos, Per Claviger, Ste Mouners, Nicolaus del Verger e Per frater ejus, W. Charops, Foucherius, Joanz Irizos. (ſº 46)

92

(Carta de dono Petri filii Lantelmi Rainer).

N(o)tum ſit omnibus ominibus preſentibus & futuris quod Petrus filius Lantelmi Rainer dedit & conceſſit Deo & domui Oſpitalis Sanȼti Pauli un pra, loqual tenia Durans de Jaiſase na Bona Diſdeiri; izeſt don juret prediȼtus Petrus & mater ſua doma Armanna & ſoror ſua Lantelma ſuper ſanȼta Evangelia, que zeſt pra teneſſan em pais a l'Eſpital nunc & inperpetuum. Segurtas ſunt de pais: Lantelmos Eſmio, Artaldus Riens, Per Rainers; e per izeſt don frater Columbus, qui tunc erat preceptor donet de les almoſnes de l'Oſpital a Peronet Rainer e a Inidon n Armana ſi mare xvi. libras e v. ſol. de Vianes. De zo ſunt guarentias frater Columbus qui zeſt don recepit, frater B. ſacerdos, Per Claviger, W. Charops, Ste. Mouners, Joannes Irizons, Foucherius, En Choins, Per del Verger, Nicolaus frater ejus, Joannes Legaters, Falconez de Monchanu donatus, Berlionez de Sant Quenti, Lantelmus Malfait, W. de Pernans, Toma Relz, Lorenz de Sant Sol clericus & plures alii. (Add. Donationem prediȼtam laudaverunt poſtea & habuerunt ratam Galburgis & Ermengardis, filie Armanne prediȼte & ſorores Petri Rainerii prediȼti). (vº)

93

(Carta de dono Gigone Gaspanione).

Anno ab Incarnacione Domini milleſimo C. C. XX. I, Notum ſit omnibus ominibus tam preſentibus quam

futuris, quod Gigona Gafpaniona & for fua Galicia & viri
earum & filii & fille illorum dederunt & concefferunt & juraverunt Deo & beate MARIE & fratribus Ofpitalis omne
hoc quod ifti habebant jure vel injure, in terras vel in
pecudes vel in omnibus modis, & propter hoc dedit domus
Ofpitalis x. libras; & omnes ifti relinquerunt domui Ofpitalis Sancti Pauli omne hoc, per omnia fecula feculorum,
amen. Frater Ofpitalis facerdos Per de Cleu, & facerdos
Per, preceptor domus Ofpitalis Montilii, & facerdos Martinus Sancti Pali, Lantelmus Malfaiz, Per Claviger, Stefanus Mofnerius, Artaldus Riens, W. Charops, Ugo Lef-
ders, Ugo Poifatz, W. de Pernans, Umbertus de Sancto
Salvatore, Laurencius clericus, Efmido de Lemenc facerdos; hoc factum fuit in tempore Columbi, qui tunc erat
preceptor ujus domui. Hoc factum fuit in menfe auguftii,
feria v, luna viii¹ *(août 1221);* & hec fcripfit nomine
Alexander, qui hoc vidit & audivit.   *(f° 47)*

(1) Ces notes chronologiques ne concordent ni pour 1281 ni pour 1220.

94

(CARTA DE DONO BERNARDI DE VEIRACEU).

NOTUM fit prefentibus & futuris, quod Bern(ardus) de
Veiraceu clericus fuit frater Hofpitalis Jherofolimitani
& dedit domui Hofpitalis Sancti Pauli in helemofinam quicquid accipiebat in tenemento deus Bouzarz, videlicet 1.
fefter frumenti e iii. fol. e iiii. chapos e 1. cartal de vin en
aoft e ii. a Chalendas; e li home devont de plait viu. fol. e
ii. feft. de civaa, e d'autra part devont iii. em(in.) de fegla
ceffalz e iii. em. de civaa de plait. § Sobre la vigna Ponczon
Motin done iii. em(in.) de fegle ceffalz e ii. fol. de plait e
1. fefter de civa; en la terra de jofta lo chami iii. em(in.)
ceffalz e de plait iii. em. de civa; en la terra de Cofta 1.
gall. ceffal e xii. den. de plait: e tot iqueft bla rent om a la
mefura de Sain Later vendent & comprant. E li Bouzart an
ab en Bern(art) ii. menjars en aoft e ii, a Chalendas.

95

(Carta) de Sancto Eleuterio.

Anno Domini M°. C°. LX° (1160), Notum fit prefentibus & futuris quod ego Willelmus de Sancto Eleuterio
dono & concedo pauperibus Hofpitalis Jherofolimitani terram quam habeo apud Sanctum Paulum, pro anima mea &
uxoris mee & pro anima patris mei & avunculi mei & pro
animabus antecefforum meorum. Hoc donum (v°) laudo &
concedo ego W^us & filius meus W^us & uxor mea; & propter
hoc donum dederunt mihi fratres Hofpitalis predicti centum
libras Viennenfis monete. Hujus rei funt teftes : Armannus
de la Buffi & Franco facerdos & Lantelmus de Sancto
Paulo, Josfres de Moirenc, Guigo Gauters, Aimo Solatz ,
Andreas Garins , P. de Conquers, Bern. Veillos, Martis
deuz Riauz, doctor Garinus, P. Chaberz, W^us de Crozas,
Ponz Maletz, Carners de las Loivas, Efteves de Sain Juli ,
B. de Roias, Artauz de Pifenczan, Garis Leffas, P.
Blancs , J. de Marzas, W^us Claviger , P. Dia, Girauz Pal-
meta , P. Coirers. Ervis, Chaberz Garins, Bos de Sain
Toma, Arm. de Sancto Eleuterio, Lant. Guinamanz, P.
Bernarz, P. Allo, P. des Chavainas & Lant. Papa Bos ;
apud Romanis.

96

(Carta Lantelmi de Sancto Eleuterio, de aqua Geuse).

Notum fit prefentibus & futuris quod ego Lantelmus,
dominus Sancti Eleuterii, dono & concedo fratribus
Hofpitalis Jherofolimitani apud Sanctum Paulum commo-
rantibus , aquam Ceufe uno die in quaque ebdomada , ad
prata fua riganda vel ad alia neceffaria fua, in perpetuum.
§ Ego Artaudus de Pifenciano dono & concedo predictam
aquam fratribus predictis , fcilicet in quaque ebdomada uno
die. § Ego W^us de Chalmo dono & concedo fratribus predictis tertiam partem prefate aque in quaque ebdomada

uno die. *(fᵒ 48)* § Ego Gulgo de Quinceu & uxor mea
dedimus & conceffimus fratribus prefcriptis tres partes aque
predicte, habendam pacifice a die martis ab hora nona
ufque ad diem mercurii proximam ad eandem horam. —
§ Aqua dom¹ Lant(elmi) predicti accipiunt dicti fratres in
die fabbati, & tenent eam ab hora nona ufque in diem
dominicam proximam ufque ad primam; & alia ebdomada
accipiunt eam in die dominica ad primam, & tenent eam
ufque ad nonam. § Aquam Arcaudi tenent a die jovis a nona
ufque in craftinum ad primam, & alia ebdomada ab eadem
hora ufque ad nonam, fcil. die veneris. § Aquam Willelmi
de Chalmo accipiunt aliquando die dominica ad nonam &
aliquando die lune ad primam, & tenent eam eodem pacto
quod dictum eft de aliis duabus proximis.

97

(CARTA DE DONO AGNETIS ET PAVIE SORORIS EJUS).

Notum fit prefentibus & futuris, quod anno Domini Mᵒ.
CCᵒ. XXᵒ. Iᵒ *(1221)*, ego domª Agnes elegi fepulturam
meam in Hofpitali Jherofolimitani apud Sanctum Paulum
& fui foror ejufdem Hofpitalis, & dedi in helemofinam pro
anima mea & parentum meorum tenementum deuz Penons
apud Pollinau, quod facit xx. fol. cenfuales domui Sancti
Pauli & xiiij. fol. de placito. § Ego domª Pavia foror domᵉ
Agnetis, donata Hofpitalis, dedi xx. iiij. fol. cenfuales & ij.
den. *(vᵒ)* domui Sancti Pauli in helemofinam apud Pollinau,
de quibus reddit Johannes Mairis v. fol. cenfuales pro fuo
tenemento & ij. fol. de placito; § Ermenjarz bona fonaa
xi. fol. & viij. den. de cenfa, & tantundem de placito;
§ tenementum illorum de Vineis v. fol. & vi. den. de cenfa,
& tantundem de placito; § cortile Toillin xvi. den. de cenfa
& tantum de placito; § P. Jaczous viij. den. de cenfa &
tantundem de placito.—*(fᵒ 49)* § Hii funt teftes donationis
predicte quam fecit domª Agnes: Odo Loivs miles, Hugo
Leiders frater Hofpitalis, frater Columbus tunc preceptor

domus Sancti Pauli, frater Stephanus Muiners, frater W^{us} Cherop, frater Nicholaus del Verger & frater P. del Verger & multi alii. — § Donationem dom^e Pavie laudaverunt Hugo de Mirebello & infantes fui; teftes: Art. de Chafteillon de toto, P. de Cleres Vauz, Bern(ardus) capellanus de Trionz, Chaber. de Chafteillon, Lamber. Foucher, P. Rufus, P. de Cleu facerdos & frater Hofpitalis, Lant. Malfaiz, frater Stephanus Muners, frater W^{us} Cherop & multi alii.　　　　　　　　　　　　　　　(f° 48 v°)

98

(Carta de commutatione Artaudi de Pisenciano).

Noscant prefentes & futuri, quod ego Art(audus) de Pifenc(iano), canonicus Romanenfis, feci commutationem cum Columbo preceptore domus Sancti Pauli & aliis fratribus ejufdem domus, de terra mea de Chapolen quam folebant colere Juvenis Riveira & Johannes Fouchers, quam dedi & conceffi domui Sancti Pauli in perpetuum; & dictus Columbus & fratres domus predicte dederunt mihi & concefferunt vineam fuam quam habuerant de Lantelmo Faure que eft in Chirofiis prope Romanis & movet de helemofina Romanenfi. Actum fuit hoc anno Domini M°. CC°. XX°. II° (1222), in ipfa terra; prefentibus & vocatis teftibus Archinjaudo canonico Romanenfi, W. Gibelin & Sufreone clericis, frater P. de Cleu facerdos, frater Bertrandus de Chaenef, frater W^{us} Cherop, frater J. Fouchers & duo filii ejus fratres Hofpitalis, & multi alii & Lantelmus Malfaizi & Laurentius clericus. Et propter iftud excambium dedit mihi frater Columbus xl. fol. Viennen.　　　(f° 49)

99

(Alia carta de eodem).

Notum fit omnibus quod ego Art(audus) de Pifenciano, canonicus Romanenfis, feci commutationem five excamblum cum fratribus Hofpitalis Jherofolimitani de Sancto

Paulo, de duabus peciis terre quas habebam apud Sanctum
Paulum in Gaurefio, que funt contigue terre Hofpitalis,
quas dedi & conceffi dictis fratribus & Hofpitali in perpetuum, pro jure quam habebant in domo quam Ifmido
Cherop & uxor ejus dederunt eifdem fratribus apud Romanis, quod dederunt mihi & meis in perpetuum; dedi etiam
& conceffi domui Hofpitalis Sancti Pauli in perpetuam
commutationem pro domo predicta tenementum deus Borreuz, quod eft apud Sanctum Paulum & facit ii. fext. fru-
(menti) cenfuales & iii. fol. domui Sancti Pauli & viii. fol.
de placito, & aliud tenementum quod eft proximum tenemento deus Borreuz & facit ii. fext. fru. de cenfa & ii.
gall(inas) & v. fol. de placito, & hoc tenementum tenet
Agnes Praailla. Omnia hec dedi *(vo)* domui Sancti Pauli in
perpetuum pro domo predicta. Actum in domo mea de
Romanis, anno Domini M°. CC°. XX°. II°*(1222)*, prefentibus & vocatis teftibus Bordone facerdote, W. Gibelin &
Sufreone & magiftro W. clericis, Art. bajulo meo, Ifmidone Cherop, fratre P. de Cleuz facerdote, fratre Nicholao,
fratre W. Cherop, fratre P. del Verger & multis aliis &
fratre Chuin & fratre Fulcherio & J. Iriffon & Stephano
Muner fratribus.

100

EL tenement deus Bouzarz pren Bern[art]z de Veraceu
ii. fefter frumenti e iii. fol. e iiii. chapos, i. cartal de vin
en aoft, i. gall(ina) a Caremantran; e li omen ran ii menjars
en aoft e ii a Chalendas, e il devont de plait viii fol., ii
fefter de civàà, e d'autra part devont iii em(inas) de fegla
ceffals e iii emi(n.) de civàà de plait. En la vina Ponzo
Moti pren iii emi(n.) de fegla ceffals e de plait ii fol.
e i. fefter de civàà. E de la terra de jofta lo chami iii emi.
de fegla ceffals e de plait iii. emi. de civàà. E de la terra de
Cofta i. gall. ceffal e de plait xii den. E iqueft blas es
vendens e compranz a la mefura de Saint Later. *(f° 41 v°)*

IOI

(Carta de Lamberto Fulcherii milite).

Notum fit omnibus tam prefentibus quam futuris, quod frater Segnoretus preceptor domus Hofpitalis in partibus Burgundie recepit Lambertum Fulcherii militem in donatum Hofpitalis, qui dedit in helemofinam domui Hofpitalis Sancti Pauli vii. feftariatas terre culte, contigue terre Sancti Antonii juxta caminum. Poftmodum vero contigit ipfum in extremis laborare & peciit quod deferretur ad dictam domum Sancti Pauli, & habitu recepto ecclefiafticam ibi reciperet fepulturam: quia vero idem miles multos habebat clamores, frater Columbus, qui preceptor erat Sancti Pauli, non fuit aufus ejus poftulacioni affentire; propter quod ipfe commotus ad ecclefiam fuam, unde parrochianus, fe fecit deferri & ibidem a fuo cappellano fuit tumulatus. Modico vero tempore poft elapfo, uxor ejus relicta & filii fuper terra predicta in helemofinam data moverunt queftionem domui Sancti Pauli, que eam tenebat & redemerat de c. folidis pro quibus a predicto milite fuerat pignori obligata, dicentes quod quia fupradictum militem Lambertum noluimus recipere, ipfius helemofina non debebat Hofpitali remanere; fet tandem ipfi & pars Hofpitalis in duos arbitros compromiferunt, f(cil). in Antelmum Meloret & Simonem de Chaftelo milites, & jurarunt fuper fancta Euvangelia eorum arbitrio ftare, & eciam fidejuffores dedit dicta mulier & filii ejus quod arbitrio dictorum arbitrorum ftarent. Qui arbitri ftatim fuum arbitrium promulgarunt taliter, quod dicte mulieri preceperunt ut Hofpitale folveret a fupradicta querela vel queftione, & Hofpitale eidem daret xl. fol.; dictum vero arbitrium pena x. librarum fuit vallatum, quam pars illa que non pareret arbitrio folveret obfervanti. Fidejuffores fuerunt ex parte fupradicte relicte & filiorum ejus: Fulco frater dicti militis defuncti, qui in hac caufa fuerat procurator, fuit fidejuffor Hofpitali pro c. fol. de pena,

Antelmus Emio pro c. fol. Hec pax facta fuit anno Domini
M.º CCº. XXº Vº *(1225)*; hujus rei teftes funt : Richardus
de Chaufen, Gaufridus Lobet, P. Rainers, Bernardus
Airarz, Antelmus Artudj; de fratribus Hofpitalis : frater
Segnoretus, frater G. cappellanus, frater P. de Clei capel-
lanus, frater Columbus preceptor Sancti Pauli.

___

102

Charte formant la couverture du Cartulaire 1.

Iɴ nomine Domini, amen. Noverint univ. & fing... quod, cum
venᵘˢ & relˢᵘˢ vir dom. frater Guillelmotus de Borma, preceptor
domus Hofpitalis Sancti Pauli, ordinis Sancti Johannis Jherofolimitani, teneatur prov. viro Ponfono Luci, draperio Romanenfi, in
fumma Lᵃ floren. auri, falvo pluri, ex caufa [emptionis] pannorum
habitorum per ipfum d. preceptorem..; hinc eft quod, anno Domᵒ
Incarnac. Mº CCCCº Lⁱº & die ⁱⁱᵃ mens. augufti (*2 août 1402)*,
nobilis Petrus de Bofco, de Larifio, bajulus Montis Falconis &
Larifii pro dicto d. preceptore,...ad.. requifitionem dicti d. preceptoris confeffus fuit... fe debere & folvere teneri eidem Ponfono
Luci.:. dictos Lᵃ flor. auri boni & fini, jufti & legalis fponderis Dal-
phinalis & valoris, & hoc ex caufa refponderie facte per ipfum P.
dicto Pons. Luci... nomine dicti d... preceptoris... : quos quidem
Lᵃ flor. auri... promifit..., folvere... in proximo fefto Nativitatis
Domini.., fupponens & fubmittens fe... juridictioni.. curie domini
noftri dalpbini apud Sanctum Marcellinum in Viennefio... ac curie
domⁱ archiepifcopi Viennenfis & Vienne apud Sanctum Donatum &
fuorum officialium..; renuncians..; de quibus... Acta & data fuerunt
hec apud Sanctum Paulum predict., fub ulmo dicti Hofpitalis prope
fortalicium dicti loci,.. teftibus prefentibus... nobili Guillelmo
Arnaudi de Chalmen, relᵒ viro fratre Hugone Vincencii, curato
Larifii, & me Francifco Eyvodi, de Sº Paulo predicto, Vien. dyoc.,
clerico auctᵉ impⁱⁱ notario publ,..

___

(1) Original parch. de 29 lig., avec trace de fceau fur lemnisque; au dos :
Contra Piero do Bouts de la fom de 1 flor. « Ay paya per la charcia 113 gros ».

CHARTVLARIVM

DOMUS

TEMPLI HIEROSOLYMITANI DE ROAIS

DIOECESIS VASIONENSIS

CHARTVLARIVM

DOMVS TEMPLI DE ROAIS

103

(Carta Berengarii episcopi Vasionensis). (f° 33)

NOTUM fit omnibus hominibus quod ego Berengarius, Vafionenfis ecclefiæ epifcopus, pro redemptione animæ meæ, cum confilio canonicorum meorum & pro redemptione animarum fuarum, videlicet Roftagno abbatis de Saonis & Petri Johannis & Vilelmi de Vinzobrio, Pontii Gisberni facrifte, & cum affenfu aliorum canonicorum & clericorum, donamus & concedimus aliquid de jure noftre æcclefiæ, fcilicet condaminam quam Petrus Johannis tenebat, quæ eft in territorio de Volpillaco; & hanc condaminam crucibus determinavimus & in manu Arnaldi de Bedoz, militis militie Hierofolimitane, & fratribus ibidem Deo fervientibus, prefentibus & futuris, in perpetuum fine omni retinemento conceffimus & donavimus. Iterum notum fit quod Petrus Roftagni, filius Beatricis, fupradicte milicie dedit quandam partem terræ, & hoc fecis (= f-it) cum confilio domini fui epifcopi jam fupradicti, & cum confilio canonicorum fupradictorum & avunculi fui Aldeberti; quæ terra eft jufta fupradictam condaminam, &

hanc terram fimiliter crucibus determinavimus. Similiter notum fit quod Petrus Vilelmi, filius Dulciane, & Bertrandus frater ejus, filius Lucie, cum confilio ipfius Lucie & cum confilio fupradicti epifcopi dederunt unam peciam terræ, quæ aderet fupradicte condamine & terræ fupradicte milicie Jerofolimitane; & illam terram fimiliter crucibus determinavimus. Hoc donum quod fecit epifcopus jam fupradictus & canonici fui, & quod fecerunt Petrus Roftagni & Petrus Villelmi & Bertrandus frater ejus, fuit factum in prefentia Petri Alialdi & Raiabaldi Alialdi & Villelmi de Vafione & Ifmidonis de Eirolas & Villelmi Berengarii diaconi & Leodegarii & Petri Marini & Villelmi Marini & Pontii Beraldi, & multorum aliorum hominum de Vafione. Scripta fuit carta menfe martii, IIII kalendas martii, feria VI, anno ab Incarnato Domino M° C° XXX° VIII° *(26 févr. 1137).*

104

HEC EST CARTA GOTOLENDIS (ET ALIORUM).

I N Dei omnipotentis nomine. Notum fit omnibus hæc fcire volentibus, quod ego Gotolendis femina & nos qui fumus ejus liberi, Raimundus de Podio, Petrus Arnulfi, Bertrandus Elifiarii, Vilelmus de Podio, Oalricus atque Roftagnus, & ego Rahembaldus de Vafione & ego Mirabla uxor ejus & filii noftri, Bertrandus Rahembaldi, Villelmus Pagani atque alii infantes noftri, & ego Raimundus Afta Nova & fratres mei, fcilicet Villelmus Olivarii, Petrus de Ventoirol, Ademarus atque Bertrandus Afta Nova, nos omnes bona fide atque bona voluntate, pro remiffione peccatorum noftrorum & pro falute animarum parentum noftrorum, donamus & offerimus in perpetuum pro alodio franc Domino Deo *(v°)* Jhefu Xpifto & beate Mariæ, & milicie Jherofolimitanæ Templi Salomonia & fratribus in eadem milicia degentibus, prefentibus & futuris, in manus de te Arnaldo de Bedotio, militis & bajuli predicte miliciæ, vide-

licet quandam partem alodii noftri quod habemus & habere
debemus in terminio de Roaiffo, ita fcil. quemadmodum
nos ipfum alodium determinavimus & cum crucibus defuper impofitis fignificavimus & monftravimus tibi Arnaldo
de Bedotio, prefentibus ejufdem miliciæ fratribus, videl.
Ugone de Betiano, Bernardo Rolando, Petro de Sancto
Johanne atque Roftagno de Montaniguis, de camino puplico
ufque in terminio de Boiffono, ficut cruces fuperpofite
ipfum alodium jam determinant & determinabunt undique.
Totum quicquid infra hoc terminium fupra memoratum.
habemus & per ullas voces habere debemus, totum Deo &
fupradictis Xpifti militibus donamus & concedimus, fine
omni retenfione & abfque ulla inquietudine, fcil. terras,
aquas, bofchos & prata & pafcua & ingreffus, egreffus &
reditus ad fe & ad omnes eorum beftias, in hoc videl. honore
& in toto alio noftro territorio, ut pafcant, eant & redeant
& utantur omnibus fine blandimento cuntorum hominum,
cum Dei gratia & benedictione. Si vero in ifto territorio
five terminio de Roaiffo vel de Rovorio aliquis homo vel
femina habet feudum de nobis & ipfum feudum vobis dare
voluerit, donamus nos & concedimus Deo & vobis ipfum
feudum pro alodio. Et ego Villelmus Arnaldi de Sancto
Verano dono Deo & fupradictis Xpifti militibus quicquid
habebam vel demandabam infra hoc territorium fupra-
fcriptum. Et ego Petrus Alialdi & filii mei Raembaldus,
Villelmus de Vafione, Faraldus & Petrus donamus & concedimus Deo & jam dictis Xpifti militibus ipfam noftram
condaminam pro alodio franc, quæ eft fubtus caminum ad
quercum pediculofam, quam ætiam tenebamus per feudum
de fupradictis dominis. Et ego Villelmus Alcherius de
Podio fimiliter dono Deo & fupradictis Xpifti militibus
quicquid habebam in ipfa condamina; & ego Pontius
Beraldi fimiliter. Et ego Berengarius Vafionenfis epifcopus
fupra memoratus, cum confilio & affenfu canonicorum
meorum, videl. Pontii Gisberti facrifte, Petri Johannis,
Villelmi de Vinzobrio & aliorum clericorum noftræ æccle-

fiæ, pro redemptione animarum noſtrarum donamus &
concedimus, ſine omni retinemento, Deo & prefatis Xpiſti
militibus decimam totius territórii ſuprafcripti, quod nos &
alii donatores in preſenti eis donamus, & de toto (f° 38)
alio honore quem ipſi adquirere poterunt in toto terminio
de Roaiſſo & de Rovorio quod in dominio laborabunt, & de
omnibus eorum beſtiis atque ſubſtantiis decimam eis & pro-
micias condonamus; ſimiliter quoque donamus & concedimus ſupradiĉtis Dei militibus ut ubicumque eis placuerit in
prediĉto territorio de Roaiſſo æccleſiam conſtruant, quam
liberaliter eis damus & concedimus cum cimitiis & obla-
tionibus & omni eccleſiaſtico jure perpetuo poſſidenda.
Faĉta donatione & traditione prefcripta anno Dominice
Incarnationis M° C° XXX° VIII°, in menſe februarii (fevr.
1137?); teſtes & videntes hujus donationis ſunt iſti : Petrus
Ugo de Aviſano, Ugo de Bolbotono, Petrus Marini de
Vaſione & Villelmus Marini & Pontius Beraldi prediĉtus
atque alii plures homines de Vaſione & de Sanĉto Verano.

105

Hec est carta de Mirabla.

Notum ſit omnibus hominibus quod ego Mirabla, bona
fide & ſine dolo, cum conſilio & voluntate omnium
filiorum meorum ac fratrum meorum, dedi unam petiam
terre domui de Roaiſſo & fratribus ibi Deo ſervientibus &
ſucceſſoribus eorum; propter quam terram fratres de
Roais, ſcilicet Stephanus de Johannaz & Raimundus
bajul, & alii fratres, ſcil. Ber. facerdos, G. Faber atque
Rotbaldus, dederunt michi unum roicinum, pro quo ego
Mirabla ſupradiĉta donavi atque laudavi eis hanc terram
ſupradiĉtam, & filii mei, ſcil. Gaufredus & Raibaldus, de
quo fuit eǜus, & Ugo Leno minor; hoc ætiam laudaverunt fratres mei ſimiliter. Et hoc fuit faĉtum cum conſilio
Petri Marini; hujus rei teſtes ſunt Stephanus magiſter
ſupradiĉtus & G. Faber & Rotbaldus & Ber. facerdos &

Petrus Aianelz & Petrus Marini & Stephanus Sancti
Verani e Cordelers.

106

Hec est carta de R(aimundo) Asta Nova.

Notum fit omnibus hominibus prefentibus & futuris,
quod ego Raimundus Afta Nova dono Deo & beatæ
Mariæ & domui de Roais & fratribus Templi, in prefentia
magiftri Stephani de Joannaz & aliorum fratrum, fcil. Villelmi de Canolas, Guiraldi de Marcel, Guiraldi Fabri,
Petri Auraudi, Pontii Chabarli, Imberti de Sauzi, Rotbaudi, Guiraldi de Avinione, illam terram quam habebam infra terminos de Roais (*add*. & la foa part que li
avenc quant ac parti ab fa feror & ab fon neboft, & ac
en IIII. faumadas de farina & I. dimei bacho de caritat).

107

Hec est carta de P(etro) Vanella.

Notum fit omnibus hominibus tam prefentibus quam
futuris, quoniam nos pariter, ego Petrus Vanella &
Ifnardus frater meus, pro falute animarum noftrarum &
parentum noftrorum, bona voluntate & devoto animo
concedimus & fine omni retenimento perpetuo laudamus
quicquid juris habemus in eo quod milites Templi Salomonis in territorio acaptaverunt (*v°*) de Roais : ficut cohe-
redes noftri concefferunt illis, ita & nos concedimus; fi autem aliquis de progenie noftra hanc donationem irrumpere
temptaverit, nifi ab incepto teffaverit (= ce-t) divinam
ultionem protinus fentiat & ab omni noftra hereditate alie-
nus fiat, & factum noftrum inconcuffum femper remaneat.
Hanc donationem & laudationem facimus in manu Petri
de Roveria, magiftri miliciæ Templi, in prefentia Bernardi
epifcopi Auraficenfis & abbatis Sancti R(uf)i Fulcherii,
Petri de Ventoirolio, Pontius Leonardi, Bertrandus de

Gavaldano, miles Templi, Giraldus fcriptor eorum, Petrus Alacris, frater eorum. Facta quarta ifta mense februarii, feria v, luna xvi *(11 févr. 1137)*, per manum Arnaldi
Auraficenfis facriftæ, qui huic donationi interfuit in
clauftro Beatæ MARIÆ.

108

(CARTA ROSTAGNI MILONIS ET ALIORUM).

DIVINIS nec non & humanis fanctitum eft legimus
(= l-ibus) ut quifquis rem fuam in alterius tranfundere
poteftate voluerit, litterarum infcriptione hoc faciat, quatinus fequentium succeffio evidenter agnofcat & futuris temporibus ratum illibatumque permaneat. His itaque inftructus ego Roftagnus Milonis cum filiis meis Petro Guillelmo,
Roftagno Milone, & ego Roftagnus de Clauftro & ego
Petrus Vannella & ego Ifnardus frater eorum, nos omnes
bona fide atque bona voluntate, pro peccatorum noftrorum
remiffione & animarum noftrarum (= n-ror-) parentum
falute, donamus & offerimus in perpetuum totum & ex
integro quicquid in territorio de Roais habemus vel habere
debemus, fine omni retinemento Deo & Domino noftro
Jhefu Xpifto & beatæ Mariæ, & milicie Templi Salomonis
& fratribus in eadem milicia Deo fervientibus, prefentibus
& futuris, in manu Arnaldi de Bedoz, jam dictæ miliciæ
fratris & miniftri, fine ulla noftra fuccefforumque noftrorum inquietatione & moleftia, ad habendum & poffidendum fuamque voluntatem inde perpetim faciendum, fine
blandimento cunctorum viventium hominum. Hujus donationis & conlaudationis teftes videntes & audientes funt :
Petrus Rabinelli, Raimundus, Roftagnus Betonis, Petrus
Burlarandi, Petrus Ylaris de Clauftro. Facta carta ifta in
menfe novembrio, feria iii, luna ii, anno ab Incarnato
Salvatore XXX° C° VIII° poft millefimum *(8 nov.*
1138).

109

(CARTA ROSTAGNI DE CLAUSTRO ET ALIORUM).

IN nomine Domini noftri Jhefu Xpifti. Notum fit omnibus hominibus tam prefentibus quam futuris, quod ego Roftagnus de Clauftro & filii mei, & ego Petrus Vanela & filii (fᵒ 39) mei, & ego Ifnardus de Clauftro & filii mei, fine fraude & dolo & abfque omni retinemento vendimus & laudamus in perpetuum, cum laudamento & affenfu Raimundi Aftenove & uxoris fuæ Galiene & filiorum fuorum, & fororis fuæ Mirabilis nomine & filiorum fuorum & Guillelmi Petri generis fui, quorum feodi erat, omne videl. feodum quod habemus vel habere debemus a Raftello ufque ad Vafionem & ufque ad terminos de Boifon, pro C. L. fol. novorum Merg(orienfium), tibi videl. Bernardo Rolandi & fratribus miliciæ Templi; & fi plus valet, totum donamus & concedimus Deo & miliciæ Templi pro amore Dei. Et ficut ifti Roftagnus de Clauftro & ceteri, videl. participes fui, habebant & tenebant in feodo, ita predicti domini, Raim' Afta Nova fcil. & foror fua, donant & concedunt in alodio Deo & predictis fratribus miliciæ Templi; & ideo Bernardus Rollan & fratres Templi donaverunt predicto Raim' & forori fue Mirabili XL. fol. novorum Merg', atque ipfi juraverunt hoc falvare & defendere rationabiliter contra omnes homines. Hujus rei teftes funt : Guillelmus de Canoes, Bertrandus Laidet, Guiraudus de Marceil, Guiraudus Faber, Pontius Chanberlins, Petrus Maltenz : ifti funt Templi; Bertrandus de Coft, Guillelmus Berenger presbiter, Aimardus Afta Nova & Ugo Aimardi filius ejus, Guillelmus del Poi, Olricus frater ejus, Guillelmus Guiraudi, Petrus Arnoldi, Petrus Leotoardi, Roftagnus de Branto, Olricus del Raftel, Ugo Turcs, Guillelmus Vaca, Pontius Beraudi, Pontius Sarmeigna, Petrus Vetus, Petrus Johannis, Martinus Aimerici, Airaudus Gaftaudi, Raimundus del Creft. Actum eft hoc anno ab Incarnato Domino Mᵒ Cᵒ Lᵒ Vᵒ (1155).

I IO

(CARTA RAIMUNDI ET HUGONIS ATONIS).

IN nomine fan&te & individue Trinitatis. Prefentium ac fequentium comperiat virorum noticia , quoniam ego Raimundus Atonis & frater meus Ugo Atonis, ut Deus & Dominus nofter Jhefus Xpiftus iniquitatibus noftris veniam largiatur & regni cœleftis animas noftras & parentum noftrorum confortes efficere dignetur, quicquid in decimis æcclefiæ Beatæ Mariæ de Roais & in toto ejufdem domus territorio contrapellabamus, quoquomodo vel quacumque ratione nos in illis decimis aliquid habere fperabamus, totum & ex integro nunc & in perpetuum Deo & fratribus Templi Jerofolimitani & domui de Roais dimittimus & omnino relinquimus; ut autem hæc noftra dimiffio ftabilis & quieta aput memoratos fratres femper remaneat, xxx. fol. probatæ Melgorienfis (v°) veteris monete a memorato magiftro Ugone de Bolbotone caritatis gratia accipimus, in cujus manu voluntarie fupradi&tam decimam relinquimus. Preterea pro ipfa ifta convenientia quicquid ab hac hora in antea in toto jam di&to territorio fratres de Templo tam prefentes quam fequentes adquirere potuerint, totum illud laudando relinquimus & in pace dimittimus quoniam nichil ab eis ultra requiremus. Fa&ta guirpitione five dimiffione hujus decimariæ anno ab Incarnato Domino M°C°XL°VIII°, prefente & conlaudante Berengario Vafionenfi epifcopo, Raimundo de Podio, Guillelmo Raimundo de Sableto, Bocherio de Seccureto, Arnaldo de Albuzone, Amalrico de San&to Verano, Laugerio Grallia, Petro Marino, Petro capellano de Roais & Raimbaldo, qui ejufdem domus curam habebat de Roais. Scripta carta ifta in domo de Richarencis, menfe augufto, feria IIII^ta (4-25 août 1148), in prefentia Arnaldi facrifte Auraficenfis æcclefiæ.

111

In nom. *(ut ch. 110)*... ego Autranz, ut D... in. meis v...
cel. a-am meam c-tem... contrapellabam, q... r. ego in
...f-bam, t. ex i... d-to e. o. r-quo; ut a. h. mea... d...rem.,
xii. fol. probate Merg' vet. mon... a-pio,.. r-quo... p. ista
ipsa c...ora...relinquendo (= r-uo)... d-to... requiram.
Facta girpicione f. dim. h. decimarie anno ab Inc. Salvatore M° C° L° *(1150)*, aput Cairanam, in presentia Pontii
de Filinis, Raimundi Boni Par, Johannis Unberti, Pontii
Clementis, Rostagni Bellerirus.

112

(Carta Raimundi et Hugonis Rogerii).

In nomine Domini. Notum sit omnibus quod ego Raimundus Rogerii & frater meus Ugo Rogerii, pro remissione peccatorum nostrorum, donamus & offerimus &
tradimus inperpetuum pro alodio franc Domino Deo &
miliciae Jerosolimitanae Templi Salomonis & fratribus ibidem Deo servientibus, tam presentibus quam futuris, quandam partem terre nostrae, scil. condaminam quam habemus
in territorio de Vacioneguas; & illam determinavimus ex
uno latere crucibus & ex alia parte determinata est *(f° 36)*
levatura que ab antiquo facta est, & ex uno fronte terminatur sepulturis mortuorum & ex alio fronte jungitur cum
condamina alia quam Petrus Alialdi de Vasione & infantes
ejus & alii participes Deo & miliciae jam dicte dederunt.
Prefatam ergo condaminam, ut jam superius est dictum,
Deo & miliciae Xpisti donamus in manu Arnaldi de Bedoz,
fratris & ministri jam dicte miliciae, ut ab hodierno die &
tempore in antea milites Templi ipsam habeant & jure
perpetuo possideant, & quicquid inde facere voluerint in
Dei nomine liberam habeant facultatem. Hoc totum factum
fuit in presentia domni Berengarii Vasionensis episcopi &

Willelmi de Vinzobrio, canonici Vafionenfis æcclefiæ, & Raimbaldi de Vafione & Raimundi Afta Nova & Almeradi de Podio & Petri Marini, & multorum aliorum qui ibi aderant. Scripta fuit hæc carta anno Dominico M·C°XXX°VIII°, III. idus octobris, feria VI *(13 oct. 1139?).*

113

Notum fit omnibus hominibus hæc fcire volentibus quod ego Rotgerius, cum confilio et voluntate uxoris mee ac filiorum meorum, vendidi unam petiam terre domui de Roais & militibus Templi Salomonis ibi Deo fervientibus, jure perpetue venditionis; pro qua fcil. terra ego Rotgerius jam dictus habui ex fupradictis militibus Templi xx. & III. fol. Merg(orienfis) veteris monete, quos dedit michi Stephanus de Johannaz qui tunc commendator erat domui de Roais & bajul: & fi plus valet, hoc totum dono & concedo pro precio jam dicto. Terra autem hæc fupradicta eft in territorio quod vocatur a Caut Abric, juxta viam Sancti Verani. Hoc autem factum eft in prefentia Stephani de Johannaz, qui tunc commendator erat, & Raimundi de Laval & Rotbaudi et Guiraudi Fabri & Pontii Chabardini: ifti funt fratres Templi; & facrifte Vafionenfis æcclefiæ & Guillelmi Lanberti.

114

Notum fit omnibus hominibus quod ego Raimundus Rotger, cum confilio & voluntate uxoris mee et filiorum meorum, vendidi unam peciam terre domui de Roais & militibus Templi Salomonis ibi Deo fervientibus, jure perpetue venditionis: pro hac autem terra habui ex eis unum equum pro precio; hæc terra eft in territorio de Vazonigues. Hoc fuit factum in prefentia Stephani de Johannaz, qui tunc erat commendator & bajul domui de Roais, & Gaufredi & Guiraudi Fabri & Johanni de Coft: ifti erant fratres;

& Petri Maletinĉti capellani & Petri Bermundi & Petri
Bovarii & Gaufredi & Petri de Podio. Set ſciendum eſt
quod Guillelmus Rotgerius donavit atque laudavit totum
quod habebat Deo & beatæ Mariæ & militibus Templi, in
preſentia Pontii Chabardini & Guillelmi Pontii & Michaelis (v) atque Raimundi Aſta Nova. Hanc terram terminaverunt Raimundus Aſta Nova, Bertrandus filius ſuus,
Amatfredus Sanĉti Verani, Raimundus Sanĉti Verani &
Guillelmus Arnaldi & Guillelmus Udulardi; teſtes ſunt
Stephanus de Joannaz, Guiraudus Faber, Gaufredus bajulus atque Petrus Maletinĉtus capellanus.

---

11 5

(Carta alia Berengarii episcopi Vasionensis).

I N Dei nomine regis æterni. Preſentium hominum atque
futurorum ſucceſſio evidenter ſciat & agnoſcat ut & ego
Vaſionenſis epiſcopus nomine Berengarius, filius Raimun-
dæ feminæ, conſilio & aſſenſu canonicorum noſtrorum, videl.
de Bertranno de Coſt ſacriſta et de abbate Sanĉti Quinidi,
Petro Gavaldano atque Petro de Coſt & Petro Richerio &
Petro D6̂6 & W. de Vinzobrio, Elfiardo de Valriaco,
Bertrando de Châàroſſa & W. Berengari ac W. Baldrico,
Domino Deo & ſanĉtæ Mariæ genitrici ejus, et milicie
Templi Jeroſolimitani & fratribus ibique Deo & ubique
degentibus, non tam preſentibus quam futuris, & domui
de Roais quæ in noſtro epiſcopatu gratia Dei eſt & hedifi-
catur, doho illam noſtram inſulam que eſt ante villam
de Sanĉto Verano & ſatis prope domum de Roais, que
ſic terminatur: aqua clauditur a meridie, ab occidente crucibus impoſitis demonſtratur & partitur cum ſeualibus
meis de Sanĉto Verano ex aqua de Oveza uſque caminum ad viam (= unam) arborem que vocatur elzes, & ex
inde ab aquilone & orientali parte ſicut alcior' ripa termi-
nis circuit in girum donec in eandem aquam Ovezam. Quicquid infra hos terminos habebamus aut quiſcumque vel

quec-e propter nos, totum ab itegro abſque retinemento eidem miliciæ & militibus Crſti damus bona voluntate &
ſine fraude & ſine dolo, ut habea(n)t & poſſideant, nunc &
inperpetuum ſuam voluntatem faciant; ſeu etiam molendina
aut paratores ad telas aut calcatores chanebatearum aut
orta aut prata, adaquatus, exitus & reditus, captiones
ſclaſarum ubique ſeu etiam plantationes arborum, aug-
mentationes ripatus illius aquæ: ſic dico ex illa parte qua
donum ſit (=fit) iſtud. Et hoc ſupradictum donum ego
epiſcopus Befrengarius ſupraſcriptus feci in manibus de
Gaufredo (de) Sancto Saturnino fratre & miniſtro de domo
de Roais, & fratre Roſtagno & fratre Ugone de Màrca &
fratre Roſtagno capellano Richarenſis & fratre Imberto
Saudétis & fratre Rotbaudo, & his & aliis futuris & preſentibus miliciæ Xpiſti fratribus, & hoc idem cum canonicis meis laudo & teſtifico & ſemper cum Dei adjutorio
teſtificabimus; & ſi quis hoc eis inquietare vel irrumpere aut
commoveri aliquo ingenio voluerit, ut & ego ab omnibus
hominibus defenſos (=d-or) & protector ſim de his & aliis
donec adquieſcatur & nos & poſteri noſtri. Hujus rei &
hujus donationis teſtes & videntes ſunt iſti : ego met epiſcopus B. ſupraſcriptus & canonici ſupra nominati & fratres
milicie ſupraſcripti, deinde vero Elmeratus de Podio, Ugo
Rotgerius, Raimundus Rotgerii, W. de Sancto Romano,
Guigo de Albuzon, Buchers de Segurit', Roſtanz de
Creſt, (fº 35) Peiri de Creſt, W. Roſtagni d'Antricalz,
W. de Vaiſon, Gaufrez de Mornaz, Gaufredus filius de
Mirabla, Petrus Marini & tres filii ejus: Raimundus, W.,
Petrus; Petrus Alauz de Vaiſon, Pontius Borrellus preſ-
biter, Laugerius de Boiſſon, Bertrandus de Sancto Germa-
no, W. Maiols de Sancto Verano, Amalricus de Sº Vera-
no, Raimundus Farauz, Roſtagnus de Carpentraz, Petrus
Gauterius de Carpentraz, Pontius Berengarii, Petrus Bur-
laranz, Johannes Bubulcus de Segurit. Propter hoc ego
B. Vaſionenſis epiſcopus de fratribus Templi habui ,
ſcil. de Gaufredo & Roſtagno, Ç. ſol. de veteribus Melgo-

rietis & integris, & pro aliis C. fol. unam mulam & unum rocinum; hoc cum confilio Elmeratis de Podio & Ugonis Rotgerii ego et fratres milicie fecimus, & ipfi laudaverunt & fecuritatem fratribus promiferunt. Scripta fuit hec carta anno M° C. XL° I°, IIII nonas junii, feria III *(10.° juin 1141)*.

116

(CARTA PETRI AILAUZ ET FILIORUM EJUS).

I N nomine Domini; ego Petrus Ailauz, homo peccator & miles de civitate Vafionensis, & nos filii ejus Raimbaudus & W⁹ & Faraldus & Petrus, bona fide & abfque fraude, pro indulgentia peccatorum noftrorum, Domino Jhefu Xpifto & genitrici ejus fanctæ Mariæ, & militibus Xpifti & domui de Roais donamus inperpetuum & tradimus illam terram quam habebam juxta terram noftri epifcopi, quam & ipfi fratres Templi ab epifcopo B(erengario) & canonicis fuis adquifierunt: hoc eft infula & terra in qua fratres Templi edificaverunt molinum, cui venit aqua per hanc noftram terram quam donamus. Hoc donum nos fuprafcripti datores fecimus in manibus Gaufredi militis Xpifti & fratris Roftagni & auditu Imberti de Sauzeto & Petri capellano de Roais; hoc donum ego Bertrandus Artiliars & nos filii fui Ugo atque Bertrandus, quorum Petrus Ailauz & filii fui habebant videl. ad feudum, Deo & milicie Templi nunc & femper laudamus. Hanc fupradictam donationem fecit Petrus Ailauz et filii fui, menfe februario, in auditu & teftimonio Ugoleni, Petri Marini, Wˡ Marini, Raimundi Marini, Petri Bertrandi, Wˡ Gaftaut, Bezanzoni, Wˡ filii Petri Pontii, W. Rainois, Pontii Beraldi.

117

(CARTA PETRI ARNULFI DE PODIO CABAZ).

E T prefentibus & futuris notum fit, quod ego Petrus Arnulfi dono & concedo Deo & beatæ Mariæ & mi-

litibus Templi Jerofolimitani, tam prefentibus quam fuccefforibus eorum, in manu Petri magiftri de la Roeria,
quicquid habeo vel habere me credo in Podio Cabaz &
quicquid habebam vel poffidebam, fcil. foffatum & clau-
furam ufque ad terminos qui pofiti funt juxta molendinos
quos habent in territorio Vafionensis æcclefiæ, ut termi-
na(tum) & etiam juratum fuit a Bertrando de Coft, facrifta
ipfius æcclefiæ, & a Petro Marini & Pontio Beraldi, Vafionenfium, & ab Umberto de Sauzet & a Rotbaudo *(v°)*,
fratribus militum Templi, dimitto eam & omnino preter-
mitto quicquid querebam in terra quam habent fupradicti milites Templi a roure Sauner; & in fide mea promitto quod hæc omnia fuprafcripta numquam amplius
queram, immo fi aliquis eos inquietare voluerit omnino
pro poffe meo defendam. Per hanc vero donationem pro-
fiteor me accepiffe a fupradictis militibus Templi xl. &
v° fol. Valentinienfis monete. Facta eft hæc donatio &
hæc guirpitio in domo de Roais, anno ab Incarnatione
Domini M° C° L° VII°, menfe julio *(juil. 1157)*, in prefentia B(erengarii) Vafionenfis epifcopi; ego F. Co Car-
pentoratenfis teftificor me audiffe & vidiffe, & taliter fub-
fcribe(n)do teftimonium perhibeo ; ego Bertrannus facrifta
vidi & audivi ; ego Petrus Maletinctus vidi & teftimonium
perhibui ; Ugo de Barcillona, Pontius Dalon, fratres ipfius
Templi ; Stephanus de Johannas, Guiraudus Faber, Pontius Chabarlli, Guiraudus de Marcell, Gaufredus Anglicus, Raimundus Afta Nova, Oalricus de S' Roman,
W. Petri de Brantul, Bertrandus Lagetz.

118

(Carta eiusdem et W¹ de Podio et Adalrici).

E T fequæntibus & prefentibus notum fit quod ego Petrus
Arnulfus & ego Willelmus de Podio & ego Adalricus,
de quærimonia quam habebamus cum B(erengario) Vafionenfi epifcopo, de molendinis militum Templi qui moran-

tur aput Roais, facta firmantia in manu Villelmi de Sancto
Roman fubpofuimus nos juditio, & ad ultimum mandato
Fulcherii Carp(entorati) & Petri Villelmi, prepofiti Sanctæ
Mariæ Carp(entoratenfis), & etiam teftimonio ipfius Fulcherii, qui altera vice territorium illud terminare vidit; qui
ex utraque parte auditis rationibus & etiam utrique pro-
ductis teftibus multis modis auditis & inquifitis, teftes
epifcopi jurare fecerunt : Bertrandus de Coft, facrifta Vafionenfis æcclefiæ, fcil. & Imbertum de Sauzet, fratrum
Templi, & Rotbaudi, fratrum fimiliter Templi, & Pontii
Beraudi de Vaifo, qui teftificati funt fe vidiffe & audiviffe
quod Petrus Richerii presbiter & Petri Marini & Amalricus de Sancto Verano & Willelmus Maiol & Petrus Ugo
de S° Verano & Faraudus & Willelmus Arnaldi de S° Verano, qui habent illud territorium ad feudum de nobis &
Bertrando de Sancto Germano, & plures alii antiqui omnes terminaverunt territorium epifcopi & alte ville, & teftificati funt antiquam viam verti ufque territorii terminum
effe; in qua determinatione Fulcherii & Petri Villelmi,
Sanctæ Mariæ prepofitus, cognoverunt totum molendinum
effe in territorio epifcopi & aliquantulum claufure in noftro,
quod & ipfi propriis manibus fuis quibufdam lapidibus in
terra fixis in prefentia multorum terminaverunt *(f° 40)*
illud, & quod nobis evenit nos e(t) feudales noftri donamus
Deo & militibus Templi tam prefentibus quam futuris ut
exinde libere & quiete habeant & poffideant. Facta eft hec
cognitio & divifio & donatio anno ab Incarnatione Domini
M° C° L° III, menfe martii, feria IIII *(4-25 mars 1153)*, in
prefentia Berengarii Vafionenfis epifcopi, Willelmi de Blacos;
& in prefentia B. Rolandi & Stephani de Johannaz & Petro
Airaudi & Pontii Chabarlini & Guiraldi de Marcel & Willelmi Roftagni d'Antricalz & Willelmi Arnolfi de Mirabel
& Raimundi Afta Nova & Gaufredi de Mornaz & Willelmi de Malaucena. Roftagnus presbiter.

119

(CARTA PONTII BORRELLI DE TERRA IN RIBERIA).

Ego Pontius Borrelli dono & laudo ad domum Templi de meas dri&uras quam ego habebam in terra quam acaptavit domus de Roais de epiſcopo & de canonicis in riberia ubi ſunt molendini. Iſtud donum atque laudationem feci ego Pontius Borrellus jam di&us coram epiſcopo; teſtes ſunt ſacriſtanus atque Roſtagnus de Podio & Folcherius & Ugolenus & Guillelmus Petri, Gaufredus. Laugerius de Boiſon donavit atque laudavit illam di&uram quam ille habebat in terram ſupradi&am Deo & domui de Roais & fratribus milicie Templi tam preſentibus quam futuris.

120

(CARTA PETRI MAROFII DE DOMO A BOISON).

Sciendum ſit quod hæc eſt carta commemorationis de Petro Marofio, quod ipſe dedit Deo & domui Templi Salomonis & fratribus ibi Deo ſervientibus t. preſent. q. fut. jure perpetue donationis, ſcil. domum quam ipſe habebat a Boiſon & terram del Coin & medietatem de hoc quod ille habebat in Palude & vineam de la Cerba & aliam que eſt in Podio Auro & ſuam partem de Podio Gofre & terram de Cumbas Teſaurenchas, quam tenebat Benedi&us, & ſuam partem de territorio quod eſt in Coſtis ſicuti aqua diſcurrit erga nos, ſcil. quartam partem, e la faiſa del verne. Hoc totum donavit Deo & beatæ Mariæ & domui de Roais, pro redemptione anime ſue, in manu Raimbaldi qui erat tunc magiſter domui de Roais; teſtes ſunt Petrus capellanus ipſius loci & frater Raimundus de Laval, frater milicie, & frater ſuus Drogo qui hoc laudavit, Bertrandus de Podio Guigone, Ademarus de Boiſon, Bertrandus Juvenis, Imbertus filius Michaelis, Pontius Martinus clericus, Petrus Johannes.

121

(Carta Conredeire et filii ejus Guillelmi).

Notum fit omnibus hominibus quod ego Conredeira & filius meus Guillelmus donamus, laudamus jure perpetue donationis Deo & beatæ Mariæ & fratribus Templi Salomonis & domui de Roais, fcil. hoc quod habebamus in vineam & in terram del coin de Boifon, & in terram *(v°)* de Combas Tefaurenchas, quod Marrofius dedit Deo & milicie Templi Salomonis : fet fciendum fit quod propter hanc donationem & laudationem habui ego Guillelmus ex fratribus Templi xx^tj fol., infuper quod neceffarium fuit miniftraverunt michi ufque ad fepulcrum Domini. Hoc fuit factum a Boifon, in die feftivitatis fancti Jacobi, in manu Stephani de Johannaz ; teftes funt Guiraldus Faber, Gaufredus, Petrus Boers, Guillelmus Rufus, Ugo de Truinaz, Guiraldus de Avinione, Petrus de Podio, Guillelmus de Vinzobriz, Petrus Johannes de Boifon, Imbertus de Boifon, Ademarus Juvenis, Petrus Rainaudi, Roftagnus de Vaifc, Pontius de Peiteus, Petrus Imberti, Roftagnus de Charella, Gilius, Petrus Male Tictus capellanus.

122

Hec est carta de Guillelma, P(onti)o G(ontardo).

Notum fit omnibus hominibus quod ego Guillelma & filii mei, fcil. Pontius Gontardus e Pil Eftorz, donamus Deo & beatæ Mariæ & militibus Xpifti Templi Salomonis, pro redemptione animarum noftrarum & parentum noftrorum, partem noftram de terra de Mazaz quam habebamus communiter cum Armando de Bordelz, & donum quod fecerat Marofius pro redemptione animæ fuæ Deo & milicie Templi de hoc quod ipfe habebat a nobis in feudum, hoc donamus totum atque laudamus Deo & milicie Templi perpetue jure donationis atque laudationis, & partem

noſtram de paſcuis de Boiſon; & propter hoc habuimus de
fratribus mil(i)cie Templi unum optimum equum pro caritate. Iſtud donum fuit factum in domo noſt·a ad Aviſan
in caſtello, in manu Stephani de Johannaz, frater milicie;
teſtes ſunt Dalmatius de Doſchais, avunculus eorum, Petrus
Male Tinctus, Guiraudus d'Aviſan, Bertrandus de Car-
rella, Roſtagnus frater ejus, Aldegarius de Cantamerlis,
Guillelmus de Licas.

123

HEC EST CARTA DE UGO BATZ.

B REVE de dono quod fecit Ugo Bazenz & uxor ſua, pro
redemptione animarum ſuarum & parentum ſuorum,
Deo & milicie Templi de paſcuis de Mala Garda in ſua
parte; & propter iſtud donum habuerunt de fratribus Templi pro caritate unam ſaumatam farine & unam tiliam ba-
conis. Hoc donum fecit Ugo Baz & uxor ſua feria v in
Cena Domini, in domo de Roais; hoc vidit Amalricus, Petrus d'Aviſan, Guiraudus Faber, Gaufredus, Petrus de
Iſpania, Stephanus de Johannaz, quem oſculavit in ore ſuo
ut firma pax fieret. (fº 37)

124

HEC EST CARTA DE BOCHER (DE SEGURETO).

N OTUM ſit omnibus hominibus tam preſentibus quam
futuris, quod ego Bocherius de Segurit dono Deo &
beatæ Mariæ et militibus Templi duas vineas in territorio
de Dolona, alteram quam permutavi a Raimundo de
Albanna & alteram de Petro Willelmi Gralla & de Laugerio Gralla, quæ habent conſortes ab occidente via que
vadit ad Ovezam, ſcil. ad gadum de la Lanza, ab oriente
cum vinea militibus Templi, a meridie ſimiliter cum vinea
militibus Templi: accipiendo ab eis cauſa remunerationis
unum equm. Hanc vero donationem ſupradictarum vinea-

rum laudo ego Raimundus de Albanna militibus Templi,
& ego Anna uxor ejus fimiliter laudo, & ego Petrus Villelmi fimiliter laudo, & ego Laugerius fimiliter laudo. Et ut
hec donatio firma & ftabilis maneat, ego Bocherius quicquid
habeo a militibus Templi laudo eis & permitto tali pacto
quod, fi aliquis vel aliqua de fupradictis vineis aliquid abftu-
lerit, pleno jure habeant et poffideant donec omnia quæ-
cumque eis ablata fuerint pro voluntate eorum reftituantur;
hanc donationem ego uxor Bocherii laudo & confirmo, &
ego Bertrannus & ego Petrus & ego Emes, filii eorum,
omnes laudamus. Facta eft hec donatio anno ab Incarnatione Domini M°C°L°VII°, feria II (1157), aput Seguretum in domo mea, in manu Stephani magiftri de Roais;
teftes vero hujus donationis funt hii : ego Petrus, Guiraudus Faber, Petrus Airolz, Willelmus Martini, Raimundus Ronno, Petrus Stefani, Pontius Martini, Coftantinus, Pontius Jarbel, Guinanus, Petrus Raols.

12 5

HEC EST CARTA DE P(ETR)O DE CHAMARET.

Notum fit omnibus tam prefentibus quam futuris, quod
ego Petrus de Camaret & uxor mea donamus Deo &
beatæ Mariæ & fratribus Templi Salomonis ac domui de
Roais & fratribus ibi Deo fervientibus tam prefentibus tam
quam futuris, pro redemptione animarum noftrarum, jure
perpetue donationis III. vineas quas habebamus in claufum
de Dolona; fet propter hanc donationem habuimus de militibus Templi unum eqüum & xxx. fol. Melgorienfis monete. Set adhuc fciendum fit quod in iftis vineis habebat
Vienna d'Albuzun & Elifiardus filius ejus medietatem car-
tonis, quam dederunt Deo & militibus Templi pro redemptione animarum fuarum; hanc donationem fecerunt
in manu Stephani de Johannaz, qui magifter erat domu(s)
de Roais, & hoc fuit factum a Sigurit in domo Bocherii,
in illo anno in quo Elifiardus d'Albuzun tenuit captum

Ifnardum d'Avulon; teftes funt Alfantus filius ejus, Bertrandus Lagetz, Bocherius & uxor fua. De dono autem
fupradicto quod fecerunt Petrus de Chamarit & uxor ejus
funt teftes Raimundus Riperti, Guillelmus frater ejus, *(v°)*
Raimundus d'Albaran, cognatus ejus, qui hoc laudavit,
Arnaldus d'Albuzun, Rodulfus de Serina; hoc donum
fuit factum in ecclefia domus de Roais, in manu Stefani de
Johannaz, qui erat magifter domus de Roais; teftes funt
Guiraudus Faber, Gaufredus, Guiraudus de Marcel, Berengarius de Vila Nova, Petrus capellanus Maltins, Petrus
Clericus, Petrus de Ifpania, Bernardus Guillelmus de Segurit, Bertrandus frater Petri de Camaret. Hoc fuit factum
anno Dominice Incarnationis M°C°L°V°, feria IIII *(1155).*

126

HEC EST CARTA W(ILLELMI) DE SEGURET.

Notum fit omnibus hominibus tam prefentibus quam
futuris, quod ego Guillelmus de Segureto dono Deo
& beatæ Mariæ & militibus Templi Salomonis & domui
de Roais & fratribus ibi Deo fervientibus, tam prefentibus
quam futuris, pro redemptione animæ meæ, medietatem
illius honoris quam pater meus tenebat ex ipfis militibus
Templi : alia medietas remanfit forori mee. Hec autem
donatio fuit facta in manu Stephani de Johannas, qui tunc
magifter erat domui de Roais; teftes funt Petrus Maletinctus capellanus, Guiraudus Faber, Gaufredus Anglicus,
Petrus Bermundi, Petrus de Podio, Michael de Boifon,
Stephanus Silvius, Bocherius, Stephanus Lepus.

127

HEC EST CARTA DE ACAPTO QUOD DOMUS DE ROAIS
FECIT DE P. CLERGE.

Notum fit omnibus hominibus quod domus de Roais
& milites Templi amparaverunt in vilanatgue de

duobus vineis de Guillelmo Roſtangni xIIII. ſol. Melgorienſis monete. Teſtes : Laugerius Gralla, Raimundus de Albanna, Petrus Vetus, Bertrandus Rainers, Petrus Radulfi,
Guiraldus Faber, qui nummos pagavit juſſu Stephani de
Johannaz, aput Seguretum, Guillelmo Roſtagni.

128

Hec (est) carta de Bertran Texori.

B REVE de compra quod fecit domus de Roais & fratres
ibi ſervientes Deo de Bertrando Texori, de una vinea
in qua dederunt fratres Templi III. ſol. Melgor. Hoc ſuit
factum in manu Stephani de Johannaz; teſtes ſunt Guiraldus Faber, Johannes Guillafris, qui hoc laudavit, Petrus
Maltint capellanus, Sainfredus, Petrus Bermundi.

129

Hec est carta R(ostagni) de Podio, P. Arnolz.

L EGIBUS & conſtitutionibus precipitur ut quicumque rem
ſuam vel aliquid jus ſuum ad aliquem transferre voluerit, ne quod factum eſt oblivioni tradatur po(ſ)teris per
ſcripturam memorie mandetur. Quapropter hac preſenti
teſte ſcriptura & preſentibus & ſequentibus notum ſit, quod
ego P. Arnulfi & ego Roſtagnus del Poio donamus Deo &
beate Marie, & vobis militibus Templi Jeroſolimitani morantibus Roàis, quicquid & quicquid nos *(fᵒ 34)* habere
credimus in terram illam que eſt juſta molendinum veſtrum,
que vocatur Cros, totam ſicut determinata eſt & ſicut ripa
pendet ab oriente & occidente , a ſeptemtrione & meridie
uſque ad ripam bedalis molendini : tali pacto ut exinde
eam plenarie tam preſentes quam futuri habeatis & quiquid volueritis ibi faciatis, & etiam viam que junxit beda-
lem quandocumque volueritis ſupra ripam ipſius terre,
vobis in preſentia domᵗ Berengarii Vaſionenſis epiſcopi &
altera vice Fulquerii Carpentoratenſis & Stephani de Joan-

naz & Petri capellani terminavimus, faciatis & aliam def-
truatis; laudamus etiam vobis viam per quam pergitis a
molendino ad domum veftram imperpetuum, ut fupradictus
épifcopus determinaverit : accipiendo a vobis per hanc fupra
fcriptam donationem caufa remunerationis CC. fol. Valan-
tinienfis monete. Facta eft hec donatio anno ab Incarnatione Domini M°C.LX°IIIJ°, regnante imperatore Romano
Frederico, comite Raimundo Sancti Egidii. Et ut hec donatio firma & illibata maneat, in prefentia Berengarii fupra
fcripti epifcopi, fuper fancta Evangelia juravimus ut eam
fe(m)per teneamus & omnibus modis vos manu teneamus
& ab omnibus pro poffe noftro eam defendamus, & epifcopum fide jufforem donamus. Teftes hujus donationi(s) funt
Folcherius de Carpentras, Stephanus de Joannaz, Ugo
Raimbaut, Auftorgus, Gaufredus claviger, Peire Bremunt,
Petrus del Poi, Peire Maletigtus, Ifnardus diaconus, Ugo
de Sancto Andreo , Laugerius de Seguret, Vilelmus de
Condorces.

130

(CARTA DE DONO VILELMI LAMBERTI).

Notum fit omnibus hominibus & fequentibus & prefentibus, quod ego Vilelmus Lambertus dono me ipfum
Deo & beate Marie & militibus Templi Jerofolimitani, in
manu Stephani de Joannaz, magiftro domus de Roais, &
promito obedientiam & ftabilitatem fecundum regulam &
confuetudinem fupra dictorum fratrum; (v°) dono etiam
aliquantulum onoris mei quem habeo juxta condaminam
de Volpilio, quam Berengarius Vafionenfis epifcopus dedit
fupra dictis militibus, ex alia parte juxta terram canonicorum Vafionenfium, ... decim.... Petrus Velz mandato fupra dict. canonicorum .... Villelmi de Dolonna & Villelmi Berengarii : tali pacto ut exinde pleno jure habeant
& poffideant. Anc donationem laudo ego Vizianus, & ego
Raimundus Lanberti fimiliter laudo; ego vero Berenga-

rius Vaſionenſis epiſcopus anc ſupra dict. donationem, conſilio canonicorum plurimorum noſtrorum, laudo & confirmo, accipiendo a fratribus ſupradictis Templi xxx. ſol·
Melgorienſis monete, ſalva decimatione canonicorum. Teſtes ſunt Raimundus Villicus, Giraut Fabre, Peire Cabarlis, Ponz de la Mota, Petrus capellanus; & eſt ſupradictus
Bertrandus de Coſt, Petrus de Vers, Joannes de Coſt.

131

HEC EST CARTA ODORIO DE RASTELLO.

Notum ſit omnibus hominibus quod ego Odalricus dono
Deo & beate Marie & vobis militibus Templi Jeroſolimitani morantibus Roais & omnibus aliis t. preſent. q.
fut. tres pecias de terra quas habebam in territorio de Albuzone, juxta paſſum ubi antiquitus fuit pons, quarum una
habet conſortem ab oriente vineam del Faraus, aliam vero
habet conſortem ab occidente terram Vilelmi Martini de
Segureto & altera eſt juſta caminum : quicquid ibi habeo
ſive taſcham ſive aliud, in vobis abſque aliquo retenemento
concedo ut exinde pleno jure habeatis & poſſideatis, accipiendo a vobis duos equos cauſa remunerationis. Facta eſt
hec donatio anno ab Incarnatione Domini M°C.LX°III°,
regnante Frederico rege, comite R. Sancti Egidii; hujus
donationis teſtes ſunt Bocherius de Seguret, Arnaldus de
Albucone, P. Villelmus Guiſa & Laugerius Gra, P. Velz,
W. Trimunf, R. de Albanna, Stephanus de Joannaz, P.
Malenus capellanus, W. Raimbaut, P. Bremont, Gau.
Claviger.   *(f° 21)*

132

HEC EST CARTA DE AVINNONA.

Notum ſit tam preſentibus quam futuris quod ego
A[vino]na, uxor Petri Giraldi, & ego Petrus filius
amborum, & ego Aimerus & ego Saurina, filie ſimiliter im-

piorum, donamus Deo & beate Marie & militibus Templi Jerofolimitani t. prefent. q. fut., in manu Stephani de Joannaz, bajuli de domo de Roàis, cabannariam que fuit Adalelme, tali pacto ut exinde pleno jure habeant & poffideant, accipiendo ab eis L. fol. novorum Melgurientium in remuneratione; juramus etiam eis ut nunquam aliqua occafafione vel aliqua caufa interveniente ullam moveamus querimoniam, & pro poffe noftro cuftodiamus eis inperpetuum. Facta eft hec donatio in menfe martio, anno ab Incarnato Domino M° C° LX° IJIJ°; factum eft in villa Sancti Saturnini, in domo Bertrandi Laurentii : teftes funt Petrus Giraudus, Laurentius, Aicardus, Jordanus, Pontius, Aldebertus, Petrus Boverius, Guilelmus Aldearda, Salveftres, Garentes, Bertrandus Laurerentius, Stephanus Clericus, Laurentius Xpiftoforus.

133

HEC EST CARTA DE ELISIARIO DE ALBUZO.

Notum fit omnibus ominibus quod ego Elifiarius d'Albuzo dono Deo & beate Marie, & vobis militibus Templi Jerofolimitani morantibus Roàis & omnibus aliis t. prefent. q. fut., unam petiam terre quam habebam in territorio de Albuzo, & quicquid habebam vel habere putabam in vineis fupra dicte milicie; terra habet confortem ab oriente terra de Raols de Dolona, ab occidente & ab aquilone terram fupra dicte milicie : quicquid habeo in hac fupra dicta donatione, abfque dolo & abfque retinemento concedo, exinde pleno jure habeatis & poffideatis, accipiendo a vobis unum equm caufa remunerationis. Facta eft hec donatio anno ab Incarnatione Domini M° C° LX V°, regnante Fredrerico rege, R. comite Sancti Egidii; hujus donationis teftes funt Stephanus de Joannaz, (r°) Gaufrez Engles, Peire Male Tinctus capellanus, Ugo Raimbauz, Petrus Bremundi, Petrus Bovers.

134

Hec est carta P(etri) Clerici.

Notum fit omnibus hominibus t. prefent. vel fut. quod ego Petrus Clerici & uxor fua & filii fui domos fuas, quod habet Per Patri in caftello Segureti, donavimus & laudamus per centum folidos veterum denariorum Melgorienfis monete, ufque ad tempus quod de fuo reddere potuerit ad fratres Templi vel a quibus illis mandavit. Factum fuit in prefenti(a) Raimbaudi magifter domus Roaifi & frater Raimundi de Laval & frater Giraldus Faber & frater Petrus de Ponti.

135

Notum fit omnibus hominibus quod domus de Roais & fratres ipfius loci redimerunt gatgerias Pe(tri) Clerici, quas ipfe mifit pro pignore pro neceffitate fua, fet ipfe quod mifit in pignore de militibus Templi tenebat Radulfo de Albuzo CC. L. fol., Petro Radulfi XL. fol., Raimundo Malfang xx. fol. Mergorienfis monete nove, Petro Stephani Turc viii. fol.

136

Hec est carta de Drogo de Poi Guigo.

Notum fit omnibus hominibus quod ego Drogo de Poi Guigo dono Deo & beate Marie & vobis militibus Templi Jerofolimitani morantibus Roàis & omnibus aliis t. prefent. q. fut. unam peciam bofco en Cumbas Tefaurenchas, juxta terram fupra dicte milicie : *(ut ch. 133, l. 7)...* Facta eft hec donatio anno ab Incarnatione Domini Mº Cº LXº Vº, regnante Fredrerico rege, R. Sancti Egidii comite; hoc donum fuit factum in prefentia Berengarii Vafionenfis epifcopi. Drogo fupra dictus firmavit cum facramento ut ipfe falvet de omnibus; hujus rei teftes funt Ro. de Podio, Folrat nepos ejus, Steves de Joannaz, Gaufres

Engles, Pe. Brem', Pe. Male Tinctus capelanus, Michahel de Boifco, Giraut de Cairana, Bertran, Poncius Borel, Poncius Marti, de Boifco, Bertran de Gardo. *(f° 22)*

137

E N la vina dal Mera a li maifos de Roais XL. II. fol. e I. fefter d'anona, e una peza dœ baco; li cabanaria d' Adalemine gafanet la part de Peire Guilelm de Balmas, li maifos de Roàis & ac en J. chaval de C. fol.

138

(CARTA RAINERII ARTELLARII).

N Jotum fit omnibus hominibus quod ego Rainiers Arte- lars, lo dreg e la razon el demant quei faizia el molin e en l'ort e en la ribieira, don a Deu e a la mafon del Tem- ple : el maifons donet l'en CCC. fol. de Viannes e CC. de Melgoires; e eu Matheu z, forre de Rainier Artellar, e mos fils Bertran de Poi Guigon e n Folra mos maritz aquel dreg e aquella rafon quei avian aver donat a Dieu e a la maifon del Temple : el maifons d'aquels demers que fobre digz fon per mandament de n Rainier lur n'a donat C. fol. e aizo jurerun fobre teft Avangeli. Aizo fo fag en la man de n Ugolen, qu'era comandaire de la maifon de Roais ; e aqueft dons fao fagz a Quairana e d'aqueft fag es garenz Pe. ca- pellans e Ugo Clerge e Pe. Bremonz e Michel e Ugo de Breta e Po. Galtiers, Guiralt Laugier de Grazinan e Ber- tran Ponz, Arnalt de Salt e Po. de Moidans e Ra. Dalmaz de Quanta Merles, Efteven Fabre de Rofans e Bernaz de Pagaz l'efpitaliers, Elfiars le gros, f(rere) Bertran de Tuelleta, f' Guillelm Guiraut de Cairana, f' Ricau de Cairana, f' Gaufre de Tuelleta, f' Roftang Baile, Elfiar Baft, Pe. Bo- chier, Ga. fil de n Guillelm Raimon, Gi. Bruna, Po. Brun, Bernat Bochier, Gui. dal Vergier, Gui. Manfa, Pe. Abril, Pe. Alauza, Roftan de la Volta. *(v°)*

139

(Carta Guillelmi de Claustro, uxoris et filiorum).

I n] nomine Jhefu Xpifti, anno M. C. LXX. VIIJ. Nofcant prefentes & futuri Guillelmum de Clauftro & omnes
filios fuos & uxorem fuam donace Deo & domui Templi
Salomonis atque Templaribus de Roais quicquid juris in
poffeffionibus eorum, fcilicet de Roais & de Rovors, & in
omnibus finibus que funt del Raftello ufque ad Vafienfi, in
hermis & in cultu habebant nomine tafce, & aliam tafquam
quam in aliis poffeffionibus de Roais e de Rovors habebant, concefferunt omnes predicte domui ad feudum &
cenfum fex denariorum quos prenominata domus debet
fibi vel heredis fuis fingulis annis folvere : tali pacto ut fi
fupra fcripti Templarii a dominis poffeffionum voluntatem
& jus acquirere potuerint, Guillelmus de Clauftro & fui he-
redes in elemofinam debent domui Templi predicte fine
ulla condictione relinquere. Ifti funt teftes : frater Poncius
Ademar, frater Ugo Clericus, frater Stephanus de Figac,
frater Guiralt de Marcel, frater Poncius de Roqua Fort,
Peire de Malmont, Ponz Matfre, Joan Berguonon, Guillelm Arnalt Paltonarius, Petrus Aldeberti ; Poncius Ademar cum fupra fcriptis teftibus iftud donum & elemofinam
recepit a Guillelmo de Clauftro & de fuis filiis, & frater
Poncius Ademar CCC^{tos} fol. de elemofina predicto Guillelmo numeravit & tribuit & unum equum. Hec carta fuit
facta xv. decimo kalendas aprilis, luna xx. vi (*18 mars
1178*).

140

(Carta Maioli, Rostagni de S. Verano et filiorum).

I]n nomine Domini noftri Jhefu Xpifti, anno M.C.LXX.
VIIJ. — Nofcant prefentes & futuri me Ugolenum,
militem Templi & adminiftratorem in domo de Roais, ad-
quififfe a Maiol & Dozona & ufque filiis & ab aliis Maiolis

eorumque forore e a Roſtagno de San Verano ſuoque frater
& ab uxore Petri de Sillia, quicquid ipſi habent in rameria
a reſclauſa uſque ad terminacionem quam fecerunt ipſi
cum eodem adminiſtratore, videl. Ugoleno; & pro hac
conceſſione quam domui Templarii de Roais prediĉti
poſſeſſores de San Veran celebraverunt, conſilio Petri Arnulfi & Roſtagni de Podio, CC. & x. fol. hab eodem am-
miniſtratore prediĉte domus receperunt, item a Raimundo
Faraldo *(fº 23)* ſuoque fratre Roquan in aquæ ductu
molendini xxx. & v. fol. jam diĉtus amminiſtrator emit, qui
juxta eorum confeſſionem ſoluti probantur. Iſti ſunt teſtes :
frater Peire capellan, frater Ugo Clerge, Ugolen, Michel,
Ponz de Banet, Ugo de Breta, frater Rotbertus, frater n
Azemar, Steven de Figac, Peire Muraire, n Apollenar,
Preſegier, Bezeneg del Raſtel, Bertolmieu, Joan Poiet,
Guill' Muraire, Ponz Marcellin.

141

(Carta Rainerii Artelar, uxoris et filii).

I]N nomine Domini noſtri Jheſu Xpiſti, anno M.C.LXX.
VIIJ. — Noſcant preſ. & fut. me Ugolenum, militem
Templi & adminiſtratorem in domo de Roais, adquiſiſſe a
Rainærio Artelar & a ſorore ſua, uxore de Folras
, & a filio ſuo Bertrando de Podio Gigone, omnem querimoniam quam faciebant in riberia de Oveza,
ſcil. juxta molendinum de Roais; & omnes iſti prediĉti habuerunt CCC. fol. Vianenſes e CC. fol. Melgorienſes a
prediĉto Ugoleno de caritate. Et omnes iſti prediĉti conce-
ſerunt fratribus Templi omnia ſua jura que habebant in
prediĉta riberia : & hoc Rainerius Altellars & ſoror ſua
& filius ejus Bertrandus de Podio Gigone
& ipſe Folras, omnes iſti juraverunt ſuper iiijᵒʳ Euvangelia
ne iſtam querimoniam fratribus Templi ammodo faciant &
homnia ſua jura fratribus Templi donaverunt. Iſti ſunt
teſtes : frater Peire capellan, fr. Ugo Clerge, Ugolen, Mi-

chel, Ugo de Breta, fr. Robert, Steven de Figac, Giraut
Laugier de Grainan, Bertran Ponz, Arnaut de Saut, Ponz
de Moidans, Coquorel de Vaison, Raimon Dalmaz de
Canta Merles, Steven Fabre de Rosans, Bernat de Pagaz
l'espitalier, Elziar le gros, Bertran de Tuelleta, Gaufre de
Tuelleta, na Raimona, Ricau de Cairana, Willelm Giraut
de Cairana, Roftan Baile de Cairana, Elziar Baft, Peire
Boquer, Gaufre fil d'en Guillelm Raimon, Giraut Bruna,
Pons Brun, Bernat Boiher, Wilelm del Vergier, Willelm
Manfan, Peire Abril, Peire Alauza, Roftan de la Volta. *(v*)*

142

Notum fit omnibus ominibus quod ego Ugolens, co-
mandador de Roais, cum fratribus de Roais partic
Roais ab en Bertran Afta Nova e ab fos fraires, ab en
Guillelm e ab en Baldoin, e mes i termens n Ugolens en
Bertran Afta Nova ab confel de fos fraires; n Ugolens el
fraire de Roais, en Bertran Afta Nova e fei fraire fermerunt
e o jurerunt fobre teft Avangeli aqueftas partidas. E per en
Bertran Afta Nova e fos fraires font fermanfas e garentias
Raimun Marin, en Bertran Rabinel e lor conatz da la
Clauftra   , en Raiambaltz de Vaifon; e
de n Ugolen e dels fraires de Roais fon fermanfas e garentias Raimon Marin, en Raiambaltz de Vaifon, Ugolen lo
chavalier, Raimon de San Martin & fraire Peire capellan,
Michel, Peire Bremon, Bertran Rainalt, Rotbert, Perfe-
gier, en Bertolmieu lo diaquen.

143

(Carta Petri Humberti de Rocha Bruna).

Notum fit omnibus hominibus querimoniam, quam habebat Petrus Umbertus de Rocha Bruna & uxor ejus
& filii con Templariis de Roiais, ita amicabili compofi-
tione fuiffe determinatam : Petrus Umbertus predict. &
filius ejus Raimundus juraverunt et concefferunt riberiam

& omne illud de quo querimonia habebatur Ugoleno·co-
mendatori de Roais & fratribus ejufdem domus & eorum
fuccefforibus; propter hoc predict. Ugolenus & fratres
ejufdem domus dederunt eis de elemofinis ipfius domus
D. folidos Raimundenfium. Hoc autem factum eft in civitate Vafione, ante ecclefiam Beate Marie fub ulmo, in prefentia Dragoneti bajuli comitis Raimundi, qui fide juffor
eft; teftes funt Ugolenus Vafionenfis prepofitus & W' pre-
centor & Tomas & Petrus de Sancto Quinidio & W' de
Lauriis & W' Berengarius, W' Hifnardus, Caftellanus,
Audegerius, Petrus Bertrandus, Raimbaudus de Vafione,
W' de Vafione, Aimericus, W' Rainerius, Petrus de Sel-
lia, W' Defdeirs, Bertrandus de Sancto Marcellino. Inde
venientes ad domum de Roiais, laudaverunt illud idem
coram fratribus ejufdem domus, Petro capellano, Stephano,
Michaele, Bertrando Hifnardo, Audeberto, Petro Calveto,
Guiraldo Camarllino, Guilelmo Groffa, Roftagno de Cre-
dillone, Petro Gafco, Raimundo Pallier, Poncio Gauterio,
Criftol : ifti funt fratres ; hoc etiam alii qui non funt fratres
viderunt & audierunt, fcil. Poncius Pellicerius, David,
Perfegerius, Roftagnus de Sancto Verano, Umbertus Ferrandus, Bertrandus de S° Verano, Jhoannes Bernardus,
Rebannis, Bertrandus de Albucon, Vilelmus Maiolus,
Arnulfus. (*f° 24*) Inde moventes venerunt ad Rocam
Brunam, ubi juravit illud idem & laudavit Poncius Artellarius, nam alius filius cum patre juraverat Vafione; mater
vero eorum, uxor fcil. Petri Umberti, laudavit idem &
accepit juramentum mariti & filiorum fuper fe. Ipfa etiam
domina recepit predict. denarios ab Ugoleno comendatore
domus de Roiais, in prefencia W. de Vafione, Stephani
Clerici & Petrus de Coft, qui denarios numeravit; fidejuffores funt Raimundus de Cadaroffa & Ugo frater ejus,
Petrus de Cadaroffa Niger, Bertrandus Berengarius, Ven-
toirols, Vilelmus de Novaifano. Hoc autem totum factum
eft anno M°C°LXXXX°I°, in menfe junii, feria VII, luna
VIIII, x *(15 juin 1191)*.

144

(CARTA WILLELME, FILII EJUS R. ARTELARS SORORISQUE).

IN nomine Domini noſtri Jheſu Xpiſti. Noſcant omnes
qui preſentem ſcripturam audierint vel legerint quod
domna W(illel)ma, que fuit uxor Petri Imberti, & filius
ejus R'. Artelars nomine ſororque ejus Beatriz nomine &
marìtus ejus Roſtagnus d'Altana nomine, movebant litem
& querimoniam adverſus fratres domus Templi de Roais
ſuper riberiam quam Petrus Imberti, maritus antedicte
Wme, & filii ejus et filie domui Templi de Roais & preſent. & fut. fratribus jam olim dederant et laudaverant:
dicebant ſiquidem quod filia preſate domne Wme, Beatriz nomine, non laudaverat. Unde ſciendum eſt quod ſu-
pradicti R' Artellars & cognatus ejus Roſtagnus d'Altana
et fratres domus Templi de Roais, omnes in villa que dicitur Bois convenerunt & hujus querimonie placitum ibi
tenuerunt, & fuit ita amicabili compoſicione determina-
tum & diſpoſitum quod fratres domus de Roais ad octa-
vum diem ſancti Joannis Babtiſte CC. L. ſol. Vianenſium
monete debuerunt perſolvere ſupradicto Roſtagno d'Altana
& uxori ejus nomine Beatrici, tactiſque ſacroſanctis Evangeliis Roſtagnus d'Altana juravit bono animo & puro
intellectu quod ſuper riberiam nec in toto territorio domus
de Roais deinceps nullam moveveret querelam nec prorſus
aliquid peteret per ſe nec per interpoſitam perſonam. Factum fuit hoc ante eccleſiam del Bois, in menſe madii, feria
I (22 mai 1200), & in conſequenti die martis fuit feſtum
ſancti Urbani (23 [25?] m.). Ut hoc autem ratum &
firmum omni tempore teneretur, Roſtagnus d'Altana fide-
juſſores fratribus Templi tradidit, videl. Rainerium Artelar
& I'o. d'Airolas & Rollandum d'Altana; hujus rei teſtes
ſunt frater Rotbertus de Tilio, qui tunc erat preceptor
domus de Roais, in cujus manu factum fuit ſacramentum,
& frater Wmus Raimundi de Gigundat & fr. Po. Pellicers,

Wmus de Vaifo, Aalrix del Raftel, Arbertus de Gigun-
dat, Pe. Ugo de Falco, Bertrandus d'Altana & Ripertus
frater ejus, Ricavus Guiranz, R'.Artelars, R'. Brifautz, R'.
Ebrarz, Wmus de Malauzena, Pe. Relos, Wmus·Clavelz,
Bertrandus Sancti Verani, Umbertus Ferrandi, Ugo de
Ventairol, Bos Tos, Umbertus capellanus ecclefie del
Bois. Adveniente vero inftituto die octavo fancti Joannis
Babtifte, frater Rotbertus de Tilio, preceptor domus de
Roais, ad Rocam Brunam perrexit & ibi Roftagno d'Altana & uxori ejus Beatrici nomine fupradictos nummos omnes reddidit, quod nullus remanfit in debitum, & tunc fupradicta do-(v°)mna Wma confirmavit hoc donum et laudavit pro femetipfa & pro filiabus fuis, fcil. Beatriz & Jordana; preterea hec fepedicta domna Wma & filia fua nomine Beatriz, extenfis manibus fupra facrofancta Evangelia, juraverunt abfque omni vicio & fine fraude, prout melius dici vel intelligi potuit, quod de fuperdictam riberiam
nec in toto territorio domus de ·Roais nullam querelam à-
modo facerent nec prorfus aliquid peterent; juravit etiam
hec éadem domina Wma quod aliam filiam fuam Jorda-
nam nomine, quando effet legalis etatis, hoc idem jurare
faceret. Hujus rei fidejuffores funt Po. d'Airolas, R'.Ar-
telars, R' facerdos de Roca Bruna; teftes funt domna
Raineira, uxor Po. d'Airolas, & filie ejus Agnes & Uga,
Pafcals, Wmus Criftovols, Po. Wichelmes, Pe. de Val-
droma, Andreus Forners, Umbertus Brochers, Wmus
Acartz, Pe. Gaita, R'.Clericus, Wmus Latils. Factum
fuit hoc anno ab Incarnacione Domini M° CC°, feria VII, in-
trante .menfe julii, expletis octavis fancti Joa. Babtifte
(1ᵒʳ juillet 1200), ad·Rocam Brunam, infra curiam fupra-
nominate domne Wme; que domna Wma tenetur pro
filia fua Jordana nomine ad mortem & ad vitam pro facramento quod fecit.

145

Quando Banartinus dedit fe domui milicie de Roais, habebat in pignore terram quandam a G. de Peitieus per ix. libras in parranis de Segureto, & hec ix. lribras dedit domui milicie de Roais. Poft hoc donum W' de Sancto Stephano & uxor ejus Roftagna conftituerunt placitum contra domum de hoc pignore; Rotbertus vero de Tilio, preceptor domus, pofuit hanc querelam in manibus militum de Segureto, fcil. B. Raimondi, cujus dominium hujus terre erat, & B. Boquerii & R. Datonis, & mandato iftorum domus de Roais dedit iiii. libras Raimonnenfium W'. de S° Stephano & uxori ejus Roftangne, & ipfe & ipfa finierunt majus valentem & minus hujus terre domui predicte; & ipfe W'. de S° Stephano & uxor ejus Roftagna fuper facra Euvangelia promiferunt hoc firmum tenere de fe & de fuis. Hoc fuit factum cum Rotberto de Tilio, preceptore domus de Roais, ante operatorium Stephani Scoferii, anno Dominice Incarnationis M° CC°, menfe madii, circa nonam *(mai 1200):* teftes funt W'. Raimundus de Giguondate, P. Pelliparius, B. Martinus, P. Trobatus, G. Chambarlinus, R. de Rupe Bruna, P. Boquerius, Arnaldus de Albufone, B. de Albufone, W'. Rodulfus, W'. Mounerius, Guiguo de Raftro.   *(f° 17)*

146   -

(Carta Bertrandi de Podio Guigone).

In nomine Domini. Nofcant omnes qui prefentem cartam audierint vel legerint, quod ego Bertrandus de Podioguigó, pro remiffione anime mee & parentum meorum & pro damnis que ego feci domui de Roais, laudo, dono & concedo Domino Deo & beate Marie & domui Templi Salomonis & nominatim domui de Roais, prout melius dici vel intelligi poteft, terram fcilicet de Cumbas Tellarencas

& pafquerium de Boiffó; preterea volo, imo precor quod
fratres Templi in domo de Roais exiftentes hoc donum habeant et femper poffideant, & inde voluntatem fuam faciant fine blandimento cunctorum viventium. Ut hoc autem ratum & firmum omni tempore teneatur, extenfis
manibus fupra facrofancta Evangelia, juramus ego fcil.
Bertrandus de Podioguigó & Wmus Girautz Canutz quod
ibi deinceps nullam moveamus querelam. Hujus rei teftes
funt frater Fulco de Braz, qui tunc erat comendator ipfius
domus de Roais, & frater Ugolens, fr'. Pe. de Gafc, Gi. Cabarlins, fr'. R'. Pallers, Bertranz Ifnarnz, Wmus Girautz
Canutz & Folradus de Cairana, qui hoc donum laudavit,
in prefentia iftorum, fcil. Petri Berenger & Wmi Alman,
& fratris Bernardi presbiteri & Wmi Graffi & Pe. de Sant
Amanz & R'. Paller & Perfeger & Rotbertus. Fateor
etiam egomet dictus Bertrandus de Podio Guigó, me unum
equm habuiffe propter hoc donum a fupra dictis fratribus
Templi domus de Roais; iterum funt teftes Bertrandus de
San Veran, Jo. Bernartz, Umbertus Ferranz. Factum eft
hoc ante ecclefiam Sancte Marie de Roais, anno ab Incarnatione Domini M° C° octogefimo V° (1185).

147

(CARTA FOLRADI DE CAIRANA ET FILII EJUS).

I N Dei nomine. Nofcat difcrécio cunctorum hominum
quod Folratz de Cairana nomine & ejus filius, Folradus
fcil., ambo litigium & querimoniam movebant fratribus
Templi milicie, illis videl. qui Deo ferviunt in domo de
Roais exiftentes, in pafquerium de Boiffo & campum de
Cumbas Telaren., que olim dederat Bertrandus de Poi
Guigó predicte domui de Roais, ut prefens carta certiffime
ateftatur. Quapropter obtimum fuit confilium, ut Templi
milites ante judicium proborum hominum convenirent;
fuerunt igitur tres viri judices hujus litigii & querimonie,
Vilelmus fcil. de Vaifo & Po. Ugo del Raftel & Petrus

Joannes, bajulus Tolofc comitis, quorum judicio fuit difpofitum & vere cognitum quod nichil poterat Folradus
querere vel jure petere nec ejus filius fuper pafquerium de
Boiffó, nec in campo qui dicitur de Cumbas Telarencas; co-
gnovit etiam Folradus domui de Roais quod poftulaverat
male pafquerium de Boiffo & campum de Cumbas Telarencas. Donavit itaque & finivit etiam Folratz dictus fepif-
fime predicte domui de Roais, hoc quod petierat in locis
defuper jam relatis; dedit preterea & p[er or]is ofc[ul]um
Rotberto Tilie, *(v°)* domus videl. de Roais preceptori, promifit etiam cum bono animo quod nullam deinceps querelam faceret neque injuriam in locis omnibus dictis fuperius nec prorfus aliquam queftionem. Hec difinicio fuit
veriffime in cimenterio de Roais, in die tercio Pafce Dominice, pertractata. — Et venit poftea Folradus, filius Folradi fcil., domum milicie dictam fuperius, die dominico
confequenti & dedit fratribus Templi milicie, domo morantibus de Roais, hanc querimoniam & peticionem, laudando eciam dedit & ofculum Rotberto Tilie, domus videl.
preceptori; juravit infuper quod omni tempore quamdiu
viveret relata defuper obfervaret, & quod hec defenderet
bono cum animo affirmavit. Preceptor iterum Rotbertus
Tilie fratrum confilio Folrado prebuit de elemofinis, domus videl. de Roais, benigne folidos fexaginta; quod credi
debeat, teftes veriffimos audiatis: frater Rotbertus Tilie,
qui tunc ut legitur domus de Roais extitit comendator, &
frater Raimbaldus presbiter, fr. Wmus Raimu(n)di de Gigundaz, fr. Po. Pellicers, fr. Pe. Efpina, fr. Raimundus
Darlede, fr. Nicolaus, fr. Gi. Cabarlis, Raimundus Pallers,
Pe. Trobat, Perfegers, Critovols, Bertrandus Martis &
Wmus de Vaifo, Po. Ugo del Raftel, Pe. Joanz, Guigo
Alamandina, Joanz Bernartz, Arnaldus Jaetz, Boftos, Pe.
Paluz, Bertrandus Sancti Verani, Pe. Cofmes, Raimun-
dus Troffabotz, Wmus Rainaudi, Raimundus de Bedoi,
Ugo Guinartz, Ugo Sabaters, Ste. de Vogor, Wmus Af-
tanova, Arnulfus. Factum eft hoc infra crotam ante eccle-

fiam de Roais, anno ab Incarnacione Domini Mº CCº I, in menfe marcio, feria ıᵃ poft Pafcam *(26 mars 1201)*, & in primo die Pafce fuit feftum Anunciacionis *(25 m.)*.

148

(Carta Willelmi Astanova de dono suimet).

I N Dei nomine. Nofcat difcrecio cunctorum hominum quod ego, fiquidem Wmus nomine Aftanova, me ipfum voveo et reddo Domino Deo veriffimo atque fideliter Marie Virgini, necnon milicie Templi videl. Salomonis; concedo itaque puro cum animo & dono domui Templi videl. de Roais, omne quod habeo in territorio del Raftel, nonam videlicet porcionem, & illud etiam quod jure habeo in territorio de Roais, ficut determinat via jam pupllica a vado Lancee ufque ad terminum qui Podii Cabatz nominatur. Juravi etiam hoc donum domui de Roais, & illis fratribus qui ibi permanent vel funt in antea *(fº 18)* permanfuri; hoc feci fiquidem certo confilio meorum omnium amicorum. Hoc donum annuit, laudavit etiam predicte domui Raimundus nomine frater meus, & meus avunculus Wmus nomine Aftanova, & confanguineus meus videl. Amorofus: jurato etiam nil poffum querere meis jam fratribus, jure nec aliqua ratione. Hoc fuit fiquidem factum veriffime in manu fcilicet Rotberti Tilie, domus de Roais preceptoris, infra ecclefiam de Roais, feria ɪɪɪ; teftes funt frater Wmus Raimundus de Gigundaz, Raimbaldus prefbiter, fr. Pe. Efpina & f. Raimundus Darlede, fr. Po. Pellicers, fr. Bertrandus Martis, fr. Gi. Cabarlins, fr. Nicolaus, fr. Ste. de Creft, Pe. Trobatz.

149

(Carta Azalmuers, uxoris Petri Bosquerii).

I N Dei nomine. Nofcat difcrecio cu(n)ctorum hominum, quod ego nomine Azalmuers, uxor veriffime Petri Boquerii, movebam fratribus Templi milicie de Roais litigium

& querimoniam, in campum ſcilicet de la Pereira. Quapropter cognitum fuit veriſſime, ante preſentiam proborum hominum, quod nichil poteram in campum querere dictum
ſuperius, jure nec aliqua ratione; cognovi itaque quod jam
peticio quam ego moveram, in campum ſcilicet, non erat
utilis nec jure ſiquidem poſtulanda. Finivi igitur, dimiſi
eciam benigne fratribus domus milicie de Roais illud litigium & querimoniam quam ego moveram, in campum
ſcil. de la Pereira, dedi preterea predictis fratribus ſi jure
aliquid in campum querere potuiſſem; veſtivi exinde fratres milicie, me autem ſiquidem deveſtivi meoſque etiam
ſucceſſores. Juravi inſuper quod nichil deinceps in campum quererem ullo modo; quod credi debeat, teſtes veriſſi-
mi audiantur: frater Wmus Raimundi de Gigundaz,
domus videl. de Roais comendator, in cujus manu hoc
fuit factum, et fr. Po. Pellicers, qui accepit ſacramentum,
& Raimundus, de Roca Bruna ſacerdos, Guigo Autranz,
R(ai)munz Girauz, Pe. Boquers, Ugo Artauz, Bertranz
d'Albuzó & frater ejus Arnaldus Borrias, Wus Raols,
Wmus Mouners, Wmus d'Avino, Atbertus, Wmus de Seguret. Factum eſt hoc in menſe madii, feria III, luna II,
anno ab Incarnacione Domini M° CC° I° (*8 mai 1201*).

(v°)

I50

.... geruntur, teſtium & ſcripture memoria perennantur .... fratrum domus de Roais vetuſtas temporum.................. .....
Roſtagna. ſcripture noticiis comendatur ....
.... filius meus Girardonus, & mea filia ....
.... Beate] Marie de Roais & fratribus ejuſdem domus
qui .... & pro hoc habuimus C. ſol. Rai-
monnencium .... fuit fidejuſſor. Et ut
hoc donum firmius te[neatur........ d .... e .... r ...
pro predictis fecimus juſjurandum, ego Rai .... factum ...... in] domo noſtra propria ad Giguondatem. De hoc

do[no........ donatione .... teftes funt W. Raimondus de Gi[guondate, ... P. Pelliparius, bajulus predicte
domus de Roais, cepit facramenta, G. Chambar[linus........
:...... P. Trobat..... de Crifillono, B. Martinus, Perfeguerius,
,.......................... tornellus, W. Ifnardus, W. de
Penna .... Rainaudi. Ego Roftagna juravi
in [manu .... W. Roftagni .... contiguum; R. de Arden ....,........... fiarius, preceptor
domus milicie de Aura[fica, ... de Clauftra,
Orguoillofus, Milo, W. de Clau[ftra .... Hoc fuit factum anno ab Incarnatione Domini M° CC° II°, xi° kalendas feptembris *(20 aoÛt 1202)* vacante fede imperatoria,
R(aimundo) comite Tholofano, R. de Medullione, Vaſio-
nenfi epifcopo.

<hr />

151

.... fcripture memoria non confirmat ....
.... & .... querebam .... domui & ejus fratribus .... habere jus non modicum in molendinis ......
riberia, illa omnia que jufte vel injufte querebam.......... dedit ....predicte domui & ejus fratribus .... &
ut hoc firmiffimum .... cum Dalmacio de .... facra tangendo Euvangelia roboravit, & pro his finibus habuit .... CCC. L. fol. Viannenfium a Roberto de Tilio,
preceptore predicte domus, de elemofinis ejufdem domus.
Hoc fuit factum ad Montilionem; Robertus de Tilio, preceptor domus de Roais ..... trandum; pater hujus Dalmacii,
Dalmacius ....; fidejuffores F. del ....., avunculus Pon.
Artellari, fidejuffor. Hoc vidit & audivit ..... de Boiffone,
.... de Giguondate, Petrus Elfiarius, Giraldus de Crefto,
R. de .... hanc finem & hanc inveftionem quam
fecit Pon. Artellarus ad .... us ad Montem Guiguonem, fcilicet B. Artellarus & W. ....
.... auditione fui mariti & Artella ....,
anno ab Incarnatione Domini M° CC° II°, .. die menfis
feptembris, vacante fede imperatoria, R. comite Tholo-

fano, R. de Medullione, Vafionenfi epifcopo. Horum &
harum facramenta cepit Rotbertus de Tilio, preceptor domus de Roais; teftes funt W. Raimundus de Giguondate,
P. Pelliparius, R. Artellarius, P. de Podio Guiguone, Guigo
........, Pon. de Caffillana, Arnulfus Mi[lo..............., Roftagnus capellanus de Monte Guiguone, Almeratus *(fᵒ 19)*
de Monte Guiguone, B. de Durbanno, Aimericus, Elfiarius
de Monte Guiguone, Ricavus de Podio, W. de
Sancto Stephano...............fin]ibus & jufjurandis & in-
veftionibus .... Pon. Artel] larus fecit peticionem
poft annum domui milicie de Roais .... nes
faciebant, & W. Raimundus de Giguondate ....,
.... R. de Cornillone fe facere fuam .... & ipf..........
.... de Cornillone donavit & finivit, ... omne.....
Roais & ejus fratribus. Hoc fuit factum in domo R. de
Cornillone .... Mateuts uxor ejus teftis; teftes Gi.
de ....,Falco .... Roffignolus octavo die recognovit ad p..............................W. Rai]mondi de Giguondate,
preceptore domus de Roais ....,. .... P. Pelliparius, R. de Cornillone, Guio, R. de ....,
Achardus, Rai. de Vafione, Johannes Roftagnus, ...W.
Raimondusde Giguondate, preceptor domus de Roais, dedit ei de ....; denarios viderunt dare
cuncti teftes.

152

Hoc eft memoria de dono quod fecerunt Bertrandus
Cozenels & G. Veranus Deo et domui de Roais: omne quod abebant in Podio Cerver; & oc donum juraverunt quod firmiter tenuifent ipfi & fui. Hoc donum re-
eepit, W. Rai., preceptor, & P. Pelicers; & dederunt eis
xii folidos in caritate. Hoc fuit factum, feria iii, a Seguret;
garetia: Alric de Rofto & Gigo filius ejus, B. Bocers, P.
Bocers, G. Dato, B. d'Albuco, A. d'Albuco.

(t) En furcharge le mot « mundus ».

153

E GO W. Maiolus dono corpus meum & animam meam
Deo & beate Marie & domui milicie de Roais, cum
omnibus meis juris & rationibus que habeo in riperia citra
Ovezam, a vado Lancee ufque rupem Mainaudem; & illud
jus & illam rationem que habeo in fafcia fuptus Petram
Longam dono Deo & domui; & nos nepotes ejus, ego
fcilicet P. Maiolus & filius meus P. Maiolus, & ego P.
Milo & ego W. Milo & ego W. Johannes, & nos filii
Audeberti Maioli, B. & Pontius, nos omnes donamus Deo
& domui de Roais pro avunculo noftro noftrum jus terre;
& omnes juramus ut firmius teneatur, W. fcilicet Maiolus & avunculus nofter, & nos omnes nepotes ejus. Hec
dona & hec facramenta recepit W. Raimondus de Giguondate, preceptor domus de Roais. Hoc fuit factum ante
eclefiam in ipfa domo, anno ab Incarnatione Domini
M. C. C. IIJ, regnante Philipo Romanorum imperatore,
ultima dominica feptembris *(28 fept. 1203)*, Raimbaldo
Vafionenfi epifcopo; teftes funt Aelricus de Raftro, P.
Pelliparius, B. Martinus, G. Chambarlinus, Lambertus,
Perfeguerius, Criftolus, Michelus Guontardus, Pontius de
Bodoil, P. Trobatus, Arnulfus, W. Bezanzonus, B. de
Arboribus, B. Bermondus, W. Mirabellus, W. Portane-
rius, W. Rainaudus.

Ego Aimerus annui hoc donum, quod pater meus W.
Maiolus fecit domui milicie de Roais, & fi quid juris in
hoc habebam, totum derelinqui Deo & beate Marie & domui milicie de Roais; & ut hoc firmius teneretur, pro hoc
feci facramentum: hoc facramentum recepit P. Pelliparius.
Factum fuit hoc in domo Petri Fabri, in caftro Vafionis,
teftes funt P. Faber, Ugo Faber, P. Barnoinus, P. Def-
derius, R. Gilafrefus, P. Gilafrefus, W. Bezanzonus,
W. Bonetus.   *(v°)*

154

Sciant] qui funt & qui fuerint quod domus de Roais mutuavit cum B. de Sancto Verano & cum filiis fuis Mateut & Alazais; & B. jam dictus et filie ejus predicte habuerunt a domo de Roais unam condaminam ad Cairainam & viij fol. cenfuales de bonis paribus, & domus habuit a Bertrando & a filiis fuis unam condaminam ad Boiffonem & unum campum: hec condamina eft inter Vernetum & Boiffonem, campus eft ad fumum paludis & vocatur campus de Fraxino, & hec duo erant fub dominio domus. Et hoc promiferunt firmum tenere B. predictus & filie ejus Mateut & Alazais jurejurando. Hoc fuit factum in eclefia de Roais, cum W. Raimondo de Giguondate, aminiftratore domus de Roais, anno ab Incarnatione Domini M° CC° IIJ, fecunda dominica novembris *(9 nov. 1203)*; fidejuffores funt Johannes Bernardus, Imbertus Ferrannus, Bonus Tofus, Imbertus Rebannitus, P. Paluts; teftes funt Aelricus de Raftro, P. Pelliparius, P. Trobatus, G. Chambarlinus, Michelus Guontardus, B. Martinus, Perfeguerius, W. Afta Nova, Arnulfus, P. Mirabellus, P. Cofmes, W. de Arboribus, W. Bezanzonus, Uguo Cluchetus, Wguo Fidelis.

155

Quando B. de Sancto Verano venit ad domum de Roais pro donato, dedit ipfe et filie fue Mateuts et Alazais predicte domui quicquid habebant in tenemento de Boiffone, fcilicet a colle qui vocatur coll's de Vafione ufque domum predictam & ufque collem Vile Dei, & omne jus & rationem quam habebant in palude de Boiffone; & hoc promiferunt firmum tenere jurejurando ipfe B. & Mateuts, & Alazais & maritus ejus Michelus. Hoc fuit factum in eclefia de Roais, anno Incarnati Verbi M°. CC°. JJJ, fe-

cunda dominica januarii *(12 janv. 1203)*, & fuit factum
cum W. Raimondo de Giguondate, aminiftratore domus
de Roais; teftes funt Aelricus de Raftro, Maurinus, P.
Pelliparius, P. Trobatus, G. Chambarlinus, B. Martinus,
Lanbertus, P. de Podio Guiguone, Michelus Guontardus,
Johannes Chambarlinus, W. Maiolus, P. Mirabellus, Ar-
nulfus, W. Afta Nova, W. Bezazanus, P. Milo, B. de
Arboribus, Imbertus Ferrannus, Johannes Bernardus,
Bonus Tofus, Imbertus Rebannitus, P. Paluts, Ugo
Cluclets.

156

Aıco es menbranza de la rancura que fazian li fil d'en
R. Arteillar a la maifon de Roais, zo a faber Uguos
Arteillars e W. e B. Aquift *(fᵒ 20)* dizian que L. fol'.
eran remanfut a paguar a lur paire de l'afar de Roais; e
d'aquefts L. fol'. vengron li fraire de Roais e l'enfan d'en R.
Arteillar denant en P. d'Airolas e denant n Uguo d'Airolas e denant en Peir Inbert lur cognat, e aquift manderun
qu'el fraire rendeffun aquefts L. fol'. a n W. Raimons de
Giguondaz, que adoncs era comandaires de la maifon
de Roais: rendet los lur a Roca Bruna en l'alberc d'en P.
d'Airolas, e quant aquift L. fol'. lur foron paguat, Uguos
Arteillars e W. fos fraires jurerun per lur e per un fraire
que noi era, zo e affaber B., e per lur ferors Raimonna e
Aelmues; Deelina i fo e o juret, en P. Inberts juret o per
fa moiller : aquift fagramen føron que jamais deman ni
rancur non fezeffon a la maifon de Roais. D'aizo es fer-
manza en P. d'Airolas, en Raimons Arteillars ; guarentias
fun en P. Pelliciers, R. de Roca Bruna, U. Lagets, Paf-
calus, U. Durans, W. Martins, Michels Borrels, Durans
Bacalfars, P. Alguo, P. Bernarts, U. Bues, Raineria &
filia ejus Ugua. Anno Dominiçe Incarnationis Mᵒ. CCᵒ. JJJ,
prima dominica novembris *(2 nov. 1203)*.

157

IGNOTESCAT prefentibus & futuris quod ego Riclens Rufa & ego Raimondus Rufa, filius ejus, vendidimus fratribus de Roais vii. fechoiradas de pratis, que funt in fuperiori palude ad Boiffonem & funt conju(n)cta pratis ipfius domus, & erant fub dominio domus; & pro iftis vii. fechoiratis habuimus a predictis fratribus C. fol. Hoc fuit factum in fala de Roais; & ego Riclens Rufa & ego Raimondus Rufa hoc firmum fecimus jurejurando pro nobis & pro heredibus noftris, ut fratres predicti prata hec habeant & teneant in pace & fine blandimento noftri heredumque noftrorum, & pro hoc damus pro fidejuffore omnia que habemus ad Boiffonem; & eft fidejuffor Johannes Bernardus, Imbertus Rebannitus, Matheuts. Hoc fuit factum cum W. Raimondo de Giguondate; teftes funt Aelricus de Raftro, P. Pelliparius, G. Chambarlinus, B. Martinus, P. Trobatus, W. Maiolus, Perfeguerius, Criftolus, Michelus Guontardus, Arnulfus, P. Mirabellus, B. de Arboribus, W. Bezanzonus, P. Sabaterius, Boiffiera.

(f° 9)

158

. . . .

. . . .

Rainaudus, Hugo de Breta, Robert, Pon. Efcofer. Facta donacio ifta iiii° idus decembris, feria iiii*, luna xxiii*, anno ab Incarnacione Domini M° C° LXX° V° *(10 déc. 1175)*, regnante Frederico imperatore, Raimundo comite. Sequenti etiam die, videl. feria v* *(11 d.)*, foror jam dicti Roftagni, nomine Efa, & filia ejufdem Efe, nomine Brunicens, hoc donum confirmando laudaverunt; & predicta Brunicens jurejurando in prefencia multorum teftium firmavit : Pon. de Barret, Ugo Clericus, W. de Villa, Rainoart de Tor, Pon. Ricau, Raimundus de Tornet, Giral Rainart.

159

• DE CONCORDIA FRATRUM MILICIE ET FILIOS RAIMUNDI ASTE
    NOVE ET FILIOS RAINBAUDI DE VASIONE.

PLACITUM & concordia inter fratres milicie Templi qui
   habitant ad Roais, & filios Raimundi Afte Nove & filios Rainbaudi de Vafione, coram dom° B(erengario) epifcopo Vafion., affiftente fibi Guillelmo Barreria, Pe. Aura-
ficenfi facrifta. Conquerebantur fiquidem predicti fratres
milicie adverfus predict. milites de invafione & injuria
quam eis faciebant in territorio de Roais, auferendo fibi
fracturas & novalia que fua cultura & labore ibi fecerant,
extra videl. defignatam & determinatam donacionem quam
in eodem territorio quiete poffidebant; afferebant etiam
predicti milites Templi a Raimundo Afta Nova & Mirabla
forore ejus ita fibi factam & perpetuam locacionem eorum-
dem novalium & fractorum, ut medietatem tafche et decime fibi & fuis annualiter redderent, alia medietate fibi re-
tenta. E contra vero Bertrandus Afta Nova & fratres ejus
& Rainbaudus de Vaifo & fratres ejus fere nichil horum
recognofcentes, dicebant fibi hec omnia jure competere &
preter medietatem tafche & decime, abftracto quod pro
fractura & cultura (v°) retineri mos eft, poffeffionem omnino liberam omnium volebant. Auditis hinc inde racioni-
bus & allegacionibus, tandem fuppofuerunt fe mandato
dom¹ B. Vafion. epifcopi; ipfe vero, utraque parte vo-
lente & affenciente, mandavit ut fratribus milicie Templi &
domui de Roais Bertrandus Afta Nova & fratres fui, & R.
de Vaifo & fratres fui dimitterent & laudarent in perpetuum fine omni retinemento terram que fuit Guillelmi Uza-
lardi, in qua tres faumate annone feminari poffunt; mandavit etiam ut in bofco quem habent juxta vineam domus de
Roais non facerent vivaria nec clapos nec venari ibi poffent,
& ut in patiis tocius territorii libere ire & redire predicta
domus cum animalibus & beftiis poffet : cetera omnia ficut

querebant & acceperant Ber. Afta Nova & ceteri, haberent & retinerent; & ita facto fine & pace, omnium dato ofculo difcefferunt. Factum hoc fuit Aurafice, in ecclesia Beate Marie, anno Incarnacionis M°C. LX° VIIJ°; teftes funt qui affuerunt: Arnaudus de Turrellas, magifter milicie Templi, in manu ejus fecerunt hoc donum, & Deudes de Stang & Stephanus de Joannaz & R. de Meimeuz & G. de Marcet & Pe. Airaldus & P. de Luzaren et P. Maltens facerdos & Ber. de Afta Nova & Ademars de Afta Nova & P. Ra-binelz & W. frater ejus & Willelmus de Caftro Novo & W. P. de Vaifo.

Willelmus Afta Nova, frater Bertrandi atque Baldevino, hoc placitum laudavit & affirmavit abfque dolo, in manu Stephani de Johannaz; teftes funt Petrus Maletincti capel-lanus, Gaufrez, Petrus Bermondi, Petrus Hyfpaniæ, Johan-nes de la Gleifola, Petrus Silvii, Petri Boverii, Mi-chael. (ƒ° 10)

160

ADJUDICACIO DOM¹ BERTRANDI EPISCOPI VASIONENSIS.

QVE majorum arbitrio funt decifa fcriptis perpetuum robur accipiunt, ne pravis ingeniis in pofterum cor-rumpantur. Unde ego Bertrandus, Dei gratia epifcopus Vafionenfis, notum facio tam prefentibus quam futuris, quod fratres de Roais condaminam de Rovers a Guillelmo de Podio, qui eam occupaverat, poftulabant fcil. afferentes jam dictam terram a Guotolent, matre ejufdem Guillelmi, & Pe. Allaut Feudant donis follempnibus accepiffe; nos igi-tur, partibus convocatis & in caufa judiciario ordine proce-dentes, cum predictus G. de Podio poft facramentum ca-lumpnie recognoviffet ambas donaciones, inftrumentum quoque & figillum dom¹ Berengarii predecefforis noftri utriufque donacionis faceret fidem, in poffeffione pro-prietate fine alia qualibet hujus condamine pertinen-cia, Guillelmum de Podio intelleximus condemp-

8

nandum: condaminam igitur domui de Roays adjudicavi-
mus &, cum pace ejufdem Gvillelmi & nullo noftre fen-
tencie reclamante, perpetuis temporibus tradidimus poffidendam. Si quis autem huic noftre diffinicioni unquam
attemptaverit obviare, iram Dei omnipotentis fuper eum
malediccionibus inprecamur. Huic autem judicio prefentes
extiterunt Guillelmus de Sancto Paulo, qui preceptor erat
de Roais, & Petrus Iterii, preceptor de Ricarenchis, & frater Pon. de Barreto; & Paittonerius, Caufidicus, Clarebal-
dus, Hugolenus, Rainbaudus, canonici Sancte Marie;
Guillelmus de Mezaila, monachus Sancti Victoris, Poncius
Borrelli facerdos, Guillelmus de Airolis, Rainbaudus, Hugolenus miles, Guillelmus de Vafione miles. Factum & de-
terminatum fuit hoc judicium anno Incarnacionis Domini
Mº Cº LXX'VIIIJº,(...?) kalendis julii (.. *juin 1179). (vº)*

161

DE INVESTIMENTO CONDAMINE DE ROVERS.

M ANIFESTUM fit omnibus hominibus quod B(ertrandus),
Vafionenfis epifcopus, poft datum judicium venit in
condamina de Rours, fimul cum domº epifcopo Guillelmus
de Podio, & ibi fupradictam condaminam preceptori de
Roais, Guillelmo de Sancto Paulo nomine, & aliis fratribus fupradicte domus, voluntate & affenfu predicti Guillelmi de Podio, tradidit & veftivit. Et fuit hoc factum in prefencia Bertrandi Petralapte, Vafionenfis prepofiti, Petri
Giraldi, facrifte, Hugoleni canonici & Hugonis de Cadaroffa, canonici, Clarebaldi canonici, Barreti de Sancto Paulo,
Berengarii de Cardana, Guillelmi de Mezaila, Nicholai
presbiteri, Bartholomei capellani de Roais, Guillelmi Ga-
rini de Sancto Paulo, Guillelmi del Barreti & fratris Bernardi de Rodes & fratris Rotberti Pelliparii & fratris Bertrandi Rainaudi & fratris Poncii de Barreto & fratris Raimundi Pailerii & fratris Petri Gafconi & fratris Petri Silvi
& fratris Petri Malifanguinis, Guillelmi de Airolis, Matfredi

de Podio Guigone, Rainbaudi de Vafione, Hugoleni militis, Poncii Berengarii de Vinfobris, Raimundi de Girunda, Giraldi Datonis, Guillelmi de Sableto, Poncii Garrelli, Michaelis Aragonis, Rainaldi Pelliparii, Guillelmi Stephani de Moreti, Petri de Pulcro Monte, Guiraldi Pelliparii: omnes ifti teftes & viderunt reddere condaminam fratribus de Roais, pro prenotato judicio, anno Mº Cº LXXº VIIIJº, xtuº· kalendas julii *(19 juin 1179)*. Et notificetur omnibus quod ego Guillelmus, canonicus Sancti Ruffi, habui mandatum domⁱ epifcopi & aliorum predictorum, dictandi & fcribendi hoc prenotatum factum, ficut continetur fuperius in hac carta.   *(fº 11)*

162

DE PRODUCCIONE TESTIUM IN MODUM PUBLICACIONIS.

CERTUM fit omnibus hominibus quod anno Dominice Incarnacionis Mº CCº VIº, menfe febroarii, Rotbertus, comendator domus milicie Templi de Roais, produxit teftes infrafcriptos in modum publicacionis contra quemlibet homirem & fpecialiter contra canonicos de Vafione, coram Arberto Martelli, domⁱ R(aimundi) Tolofe comitis vicario in valle de Boria & in Vafione, coram A. de Novis, ejufdem domⁱ comitis judice & cancellario in Venaiffino & citra Rodanum. § Poncius Peliparius, frater domus milicie Templi, teftis juratus dixit: ego vidi & audivi quod Roftagnus de Podio dedit & tradidit domui milicie Templi de Roais & omnibus fratribus, prefentibus & futuris, ejufdem domus omne jus & omnem actionem quam habebat in Raineria, ficut protenditur a rivo de Alta Vila ufque ad Oveza & ufque ad gadum de la Lanz in latum & in longum; & hoc fuit in cellario domus milicie de Roais, & hoc fuit per duos aut per tres annos antequam predictus Roft' de Podio decederet. § Criftophorus frater teft.jur.dixit idem. § Giraldus Chamerlenc t. j. d. i. § W. Maiolus frater t. j. d. i. § Petrus Majolus t. j. d. i.,

excepto quod de tempore dixit a tribus annis ufque ad qua-
tuor antequam decederet. § Petrus Trobatus t. j. d. i. quod
primus. § Johannes Chamerlenc frater t. j. d. i. q. p.
Facta fuit publicacio ifta apud Roais, in ecclefia; prefentes teftes interfuerunt Arbertus Martelli, tunc temporis
dom¹ R. Tolofe comitis vicarius, domˢ Deude de Breiffac,
tunc temporis commendator & frater domus milicie Templi Richarencarum, & W. Raimundi de Gygundaz, tunc
temporis fubcommendator domus milicie Templi, & Maurinus d'Efpereu, domus milicie Templi frater, & Bertrandus de Cucurone & Bernardus Miquel d'Allu. Et ego A.
de Novis, dom¹ R. Tolofe comitis judex & cancellarius in
Venaiffino & citra Rodanum, prefens interfui & hanc cartam infcribi & fubfcribi juffi, & fignavi & manu propria
figillavi. Domine Deus Jhefu Xpifte, cuftodi vias meas ut
non delinquam in lingua mea *(Ps. xxxviii, 2).*   *(v°)*

· 163

(Carta) W(illelmi) Ricavi.

QUE geruntur in tempore, ne labantur cum tempore,
in lingua ponuntur teftium & fcripture memoria &
figilli munimine perhennantur. Ne ergo fubnafcatur calumpnia illis qui poft hos fratres venerint, fciant omnes prefentes & pofteri qui cartam iftam audierint, quod W. Ricavus vendidit fratribus milicie de Roais, prefentibus & futuris, omne jus & rationem quam habebat in riperia citra
Ovedam, a torrente ufque caminum; & de hoc diveftivit
fe & fuos & fuas, & inveftivit W. Raimundum de Gigundate, qui tunc preceptor erat predicte domus, & omnes
alios fratres fimiliter. Pro hac vendicione recepit ifte W. Ricavus D. fol. Raimundenfium, unum equm pro CCC. folidis quem tradidit ei W. Raimundus de Gigundate tunc
preceptor, & CC. folidos quos folvit ei R. de Tilio poftea preceptor, qui fecit ei venditionem recognofcere. Hec

vendiclo fuit facta ad Roais, in nova pelliparia; hujus
vendicionis teftes funt Juvenis camerarius, Rodannus notarius magiftri, P. Trobatus, Mivarius, Laugerius Tri-
mondi, W. Rainaudi, P. Sabbatarius, W. Gill, R. Affa-
liti, R. de Curione. Hanc vendicionem juravit ipfe W.
Ricavus & avunculus ejus Rancurellus; factum fuit anno
ab Incarnacione Domini M° CC° V°. —Alio capitulo venit
B. de Tilio & folvit predicto Ricavo CC. predictos fol., quia
preceptor dicte domus fuerat; fecit quidem cum folucione
recognofcere, in choro ante molendinum, vendicionem iftam & facramentum ipfius & facramentum avunculi ejus
Rancurelli. Hujus recognicionis teftes funt Hugo Labora-
tor, B. Jullonus, W. de Vafione, R. Rainaudus, B'. Ma-
lordius, B. Martinus, Folco, Michael, Johannes Cambar-
linus, W. Hafta Nova, Rencos, W. Marraffanus de Padernis, Symeon de Padernis, B. de Curione; hec recogni-
cio facta fuit cum Roberto de Tilio, preceptore de Roais,
anno ab Incarnacione Domini M° CC° VI°, feria fecunda
fequentis dominice intrato menfe martis *(8 mars 1207)*.
Et ego A. de *(f° 12)* Novis *(ut ch. 162, l. 33)*... V., h.
c. i. j. & fign... mea.

164

DE FINE OMNIS QUERIMONIE QUAM FACIEBANT ODO DE CHYESIS ET UXOR EJUS BEATRIX ET FILIUS EJUS ODONUS DOMUI DE ROAYS.

DE hiis que gerimus ne fucceforibus fubnafquatur calumpnia, in lingua ponitur teftium & fcripture memoria & figilli munimine perennantur. Confirmantes hiis
tribus igitur hoc prefens factum, fciant qui funt & qui venerint quod Odo de Chiefis & uxor ejus Beatrix & filius
ejus Odonus finierunt omnem [queri]moniam quam faciebant vel facere poterant domui de Roais, & fratribus
prefent. & fut., & concefferunt & laudaverunt omnes donaciones P. Arnulfi & W. Elifiarii ceterorumque ante-
ceforum omnium fuorum. Hanc finem & hanc laudationem

fecit ipfe Odo de Chiefis cum W. Raimondo de Gigundate, qui tunc preceptor erat predicte domus, ante W. Ely-
fiarium & ante W. de Vafione, in domo P. Fabri & fratrum ejus, que eft juncta domui canonicorum Vafionenfium;
& de hoc habuit C. fol. Raimundenfium & caligas de
preffeto rubeo. Hujus finis & hujus laudationis teftes funt
Maurinus, .W. de Livro, R. Airaudus, W. de Podio,
W. Ellifiarii, Aimericus, Pon. Berengarius, P. Faber,
Ugo: menfe febroarii, vª feria ultime ebdomade *(22 fév.).*
Beatrix hoc ipfum finivit et laudavit, manu pofita fupra
facra Euvangelia, ipfi R. de Tilio, qui tunc preceptor erat
in Luns, & fuit factum poft ecclefiam Beati Stephani de
Luns, fubtus virialem; teftes funt P. Dons, Imbertus Dons,
Lambertus, Ugo Ruffus, capellanus ejufdem ecclefie: in
ipfo anno, fecunda dominica menfis aprilis *(8 avr.).*Odo filius
Odonis de Chiefis & Beatricis, hoc ipfum finivit & laudavit
cum facramento, confitens fe habere etatem jurandi; &
ipfe Odo de Chiefis, pater ejus, & Beatrix mater ipfius re-
cognoverunt tunc facramentum quod de hoc fecerant: R.
de Tilio, preceptor de Roais, recepit hoc facramentum &
hanc recognicionem. Factum fuit ad Sanctum Romanum,
infra portalem, vıª feria fecunde dominice menfis aprilis,
fequenti anno *(27 avr. 1207?)*; hujus facramenti & hujus
recognicionis *(vº)* teftes funt Willelmus Pon., capellanus
de Sancto Romano, B. Elfiarius, P. Julianus, Willelmus
Merllus, W. Lauterius, P. Bermundus, P. Lauterius, filius
Willelmi Lauterii, Bernardus de Sancto Andrea, B. de
Cucurone. Et ego A. de Novis *(ut ch. 162, l. 33)* ... R.,
h. c. i. j. & fign... mea.   †

165.

(Carta) Petri Arnulfi cum filio suo Elysiario et nepotibus suis Raimundo et Bertrando de Sancto Montano.

D ıvınıs necnon & humanis legibus fanctitum eft, ut
quifquis rem fuam in alterius transfundere poteftate

voluerit, literarum infcripcione hoc faciat, quatinus fequentium fucceffio evidenter agnofcat & futuris temporibus ratum illibatumque permaneat. Hiis itaque inftructus ego
Petrus Arnulfus, cum filio meo Elyfiario & nepotibus
meis Raimundo &. Bertrando de Sancto Montano, bona
fide atque bona voluntate, pro peccatorum noftrorum &
animarum noftrarum parentumque falute, ... donamus &
offerimus in perpetuum quicquid juris habemus vel habere
debemus in territorio de Roais, videl. quartam partem fine
omni retinemento, Domino Deo & beate Marie & milicie
Templi Salomonis & fratribus in eadem milicia Deo fervientibus prefent. & fut., in manu Hugoleni, ejufdem milicie fratris & aminiftratoris domus de Roais, fine omni
noftra fucefforumque noftrorum inquietacione et moleftia,
ad habendum & poffidendum fuamque voluntatem inde
perpetim faciendum, fine blandimento cunctorum viventium; predictum autem territorium ita terminatur: ficut
via publica terminat a vado quod vocatur de Lancea ufque ad Podium Cabaz, & dividitur a territorio de Raftello
& de Buxone. Hec donatio facta eft ... in prefentia dom⁴
Berengarii Vafionis epifcopi, & in manu ejufdem jam dicti donatores eandem donacionem & collaudacionem jurejurando firmaverunt. Et ipfe jam dictus Pe. Arnulfus
caritative a fratribus jam dicte domus de Roais accepit
M. CCC. fol. Melgurienfium. Hujus donacionis firmatores
funt ifti: ipfe videl. dom⁴ Berengarius Vafionis epifcopus,
& ipfe Pe. Arnulfus firmator extitit &, fi forte aliquis hanc
donacionem (f° 13) inquietare voluerit faciendo racionem,
eandem donacionem fe falvaturum [promi]fit & fua queque
fuper hoc pro pignore laudavit, Guigo Autrandus, [......]
Talon fir., Gaufre. de Vaifo f', Guill'. de Podio f', Ugo-
l[enus, Ugo] Turcus f., Petrus Draconis, villicus comitis,
f', Raimundus [........]tano f', Pe. Maiolus f' & W. frater ejus f'; teftes funt [ifti: Pe.] Martinus capellanus,
Ugo de Bailes, Stephanus diaconus, Pe. Imberti, Petrus
Marinus, Bertran Arnal, Johannes Poet, Pe. de Bel Mont,

Senoret [.........]. W. de Po., W. Elifiarius filius ejus &
Folradus laudaverunt; te[ftes funt] Elyfiarius de Albucione,
Ugolenus, Pe. de Silla, Sablet, U. Ta[lon,...] de Secureto,
W. Raim', Pe. Bocher, W. Petri, Pe. Bermundi, [Girun]
Michael, Bertran Rainal, Pe. Gaic, Pon. de Barret, Robert Pelliparius, Raimundus Pallier, Apolenar, Hugo de
Breta, Lauger. Malfanc, Pe. de Caromp. Facta carta hujus donacionis anno ab Incarnacione Domini M° C° LXX° V°,
regnante Frederico Romanorum imperatore, Raimundo comite, feria prima, XII kalendas aprilis, luna VI *(21 mars
1176)*. Ugo Vafionis facrifta fcripfit.

166

LAUDACIO ARBERTI FILII EJUSDEM PE. ARNULFI UNA CUM
SORORIBUS SUIS NARBONA ET LUCIA, DE DONO PE.
ARNOLFI ET DE DONO ROSTAGNI DE PODIO.

ADHUC autem notum fit omnibus quod Arbertus, filius
ejufdem Pe. Arnulfi, una cum fororibus fuis Narbona
& Lucia predict. donum Pe. Arnulfi, infuper & donum
Roftagni de Podio laudaverunt & jurejurando firmaverunt;
cetere vero, que minores erant, laudaverunt. Hujus lau-
dacionis teftes funt Hugo de Bailes, Stephanus de Fijac,
W. Almes, Stephanus Ebrat, Pe. Drocho, villicus comitis; W. etiam de Podio, frater Pe. Arnulfi & Roftagni, una cum filio fuo Willelmo Elifiarii, utrumque donum
laudaverunt & jurejurando firmaverunt: hujus rei teftes
funt Elyfiarius de Albucione & W. Rogerii. — Adhuc
autem notum fit omnibus quod ego Pe. Arnulfus & filii
mei Elyfarius & Arbertus, donamus Deo & beate Marie
& fratribus domus milicie de Roais, omne jus & rationem
quam habebamus in riperia Ovefe a vado Lance ufque
rupem Mainaudem citra Ovefam, apud domum in fivalis &
in omnibus; & hoc donum ... promittimus firmum tenere
jurejurando, & pro hoc dono confiteor habuiffe a predict
fratribus de caritate C. L. fol. Raimundenfium. Hoc eft

factum cum Hugoleno preceptore, & ipfe dat denarios; teftes funt Hugo de Bailes, Stephanus de Fijac, W. Aimes, Stephanus Ebrardus, P. Drogo, villicus comitis, Pe. Gaícus, R. Pallierius, Raimundus Perfequerius. Anno ab Incarnacione Domini M° C° LXXI° (*1171*). (*v°*)

167

DE DONACIONE RAINBAUDI ET HUGOLENI CUM FRATRE SUO GAUFREDO.

DIVINIS (*ut ch. 165*) ... f. e. l.... H. i. inftructi ego Rainbaudus & ego Ugolenus, una cum fratre noftro Gaufredo Vafionis, bona (*l. 9*) ... p. n. remiffione & ... s., d... ead. domo Deo... Ugoleni... amm-s... viv. hominum; pred... Cabaz. Hec don... Et ipfi j. dicti fratres caritative (a) f. j. d. d. de R. acceperunt M. CC. fexaginta folidos Melgurenfium. Huj... ep. s; ipfi donatores etiam firmatores extiterunt &...f-ros promiferunt...l-verunt; Elifiarius de Albucione f, Bertrandus Afta Nova, W. de Caftello Novo & Saramannus frater ejus f., Ugolenus miles f., Ugo Turcus f., Ugo Talon f, Faraldus f., (*f° 14*) Willelmus Arnaudus & Raimundus frater ejus f; teftes funt ifti: Pe. M[artinus] cappellanus t., Stephanus diaconus, Ugo de Bailes, W. Berengarius, W[illelmus de] Raftello, Alfandus de Albanna, Pe. Droconis, villicus comitis, [........], Pe. Maiolus, W. Maiolus, Petrus Lauter, W. Lauter, Odo [....... de] Vafione, Bertrandus de Caftello Novo, Pe. Marinus, Pe. de Belmont, [Johannes] Poet, Pe. Bermund, Girun Michael, Bertran Rainal, Pe. Gafc, [P. de] Barret, Robertus Pelliparius, Stephanus de Johanaz, Raimundus P[allier], Apolenar, Ugo de Breta. Facta c. h. d. a. [ab I.] D¹ M° C° LXX° V°, r. F. i., R. c., feria prima, pridie idus marci, luna xx² viiii (*14 mars 1176*). U. v. s. s.

168

DE VENDITIONE RAINBALDE CONDAM FILIE HUMBERTI FER-
RANDI ET BONITHOSI MARITI SUI.

I N nomine Domini noftri Jhefu Xpifti, anno Incarnationis ejufdem M° CC° XX° VIJ°, menfe maii *(mai
1227)*. Notum fit omnibus t. fut. q. pres. quod ego Rain-
balda, filia condam Humberti Ferrandi, & Martinus Bon-
thus, maritus meus, pro noftra maxima neceffitate & pue-
rorum noftrorum, vendimus Deo & beate Ma(rie) & domui milicie Templi de Roays, totum jus quod habemus
vel habere debemus & omnes poffeffiones nobis pertinentes
vel pertinere debentes in territorio Boyffone, intra caftrum
vel extra, five fint predia five terre culte vel inc-e, s-e s-t
prata s-e pafchua, in aquis & in terris, in nemore &
extra nemus, in venationibus & in omnibus que intelligi
poffunt a celo ufque ad terram, ad nos in dicto territorio
fpectantibus: precio quingentorum folidorum Raim', de
quibus plenarie eft nobis fatisfactum; renunciantes non numerate pecunie exceptioni. Promittimus etiam, fuper facra
Dei Euvangelia jurantes, quod contra hanc venditionem
ullo excogitato modo nullatenus veniemus, fet eam ratam
femper habebimus & inconcuffam: renunciando omni auxi-
lio legum & canonum & omni alii juri fcripto & non s-o
nobis in prefenti *(v°)* competenti vel in futuro competituro;
& fi dict. venditionem plus valere contigerit, totum....
in peccatorum noftrorum & parentum noftrorum remiffione
donamus, tradimus & defæmparamus, fub preftito juramento annuentes nos et anteceffores noftros dictas poffeffiones a dicta domo de Roays tenuiffe. Et ego Alayfa Fer-
randa, foror germana dicte Rainbalde, prefatam venditionem laudo, tactis fanctis Euvangeliis, jurando me nunquam
contraventuram; renuncians o' juri michi competenti vel
competituro, predicto juramento afferendo dict. poffeffiones prefate domus dominio pertinuiffe. Ego autem Poncius

Pelliparius, tunc temporis Roafyi preceptor, dict. venditionem recepi & vendentibus memoratam pecuniam perfolvi.
Actum fuit hoc in ecclefia Beate Marie de Roafyo; teftes
autem interfuerunt W. Gygo, tunc temporis capellanus
ejufdem domus, frater Hugo de Bordellis, fr. Pe. Scofferius, fr. Arnolphus, fr. Pe. Ferreolus, fr. W. Stephani,
fr. Kynidius, fr. Wus Tremondi, fr. Po. Ruffus, W. Faber de Vafione, Laugerius Tremundi, Pe. Filiolus, R'o.
Scofferius, Po. Caretharius, W. Gaydo, Pe. Coftantinus,
R'a. Rebanni, Wus Maiolus, Wus de Rocha, Pe. Lamberti de Vinzobriis, R'. Tortellus, Bert. Banolye, Pe. Cays,
Lambertus de Boyffona. Et ego Wus magifter Anglicus,
dom¹ R(iperti) Vafionis epifcopi notarius, prefentibus magiftro Johanne capellano Vafionis, Ugone Guiniardi dia-
chono, Wᵒ Cordario clerico, Geraldo clerico de Villa Dei,
apud eandem Villam audivi dict. Rainbaldam recognof-
centem dict. venditionem pro ut in hac carta continetur,
facta tamen recongnitione (fᵒ 15) ejufdem venditionis a
dicto marito fuo, coram domᵒ R'. Vafionis epifcopo, qui
precibus utriufque partis hanc cartam fcripfi, compofui &
figillo dicti dom. epifcopi roboravi.

169

IN nomine Domini noftri Jhefu Xpifti, anno Incarnationis ejufdem Mᵒ CCᵒ XXᵒ VIJᵒ, menfe augufti (aoùt
1227). Notum fit omnibus t. pref. q. fut., quod ego Ma-
teuda fpontanea voluntate ducta, confenfu tamen et voluntate mariti mei, fcil. Gy. de Mirabello, vendo Deo & beate Marie & domui milicie Templi de Roays quandam terram quam
habeo in territorio Boyffone, capientem IIII. faumatas fe-
minis annone, & unum pratum quod habeo in palude ejufdem Boyffone, continens IIIJ.. fecturatas, & fi quid ma-
gis habeo vel habere debeo in caftro Boyffone fupradicte
vel in ejus tenemento quocumque modo intelligi poteft a
celo ufque ad terram: precio quingentorum folidorum

Raimondenſium, de quibus michi eſt plenarie ſatisfactum,
renuncians non numerate pecunie exceptioni; promitto,
etiam tactis ſacroſanctis Evangeliis Juro hanc venditionem
ſemper firmam & ſtabilem obſervare, & nec per me nec
per aliquam perſonam interpoſitam aliquo excogitato modo
ullatenus contravenire. Et ſi dict. venditionem plus valere
contigerit, totum.... in remiſſionem peccatorum noſtrorum
& parentum noſtrorum dono & relinquo, me et meos dein-
veſtiens, & dict. domum & fratres... inveſtiens, renuncians
in hoc facto oⁱ juri ſcripto & non s-o..., (vᵒ) & ſpecialiter
illi juri quo mulieres ſe tueri poſſunt pecuniam in ſuam
utilitatem non eſſe verſam. Similiter ego dictus Gy. ſupra
ſancta Dei Euvangelia juro me iſtam venditionem firmam
ſemper tenere & inconcuſſam, & quod nec per me nec per
alium contra eam aliquo tempore veniatur, renuncians oⁱ
juri... Et ego Poncius Pelliparius, dicte domus preceptor,
hanc emptionem feci, juramenta & promiſſiones recepi &
ſupradict. ſummam pecunie vendentibus perſolvi. Actum
ſuit hoc apud Pulcrum Locum, in eccleſia Beate Marie;
teſtes autem interfuerunt Hugo Richavi de Podio, Bert
Berengarii, preceptor dicti loci, Pe. capellanus ejuſdem
loci, frater Bert. Miraelis, W. Clericus, W. Gylii, Ricavus
de Podio, Rainbaudus de Podio, Hugo Rebollus, Radulf-
fus Scofferius, Baldewinus. Et ego magiſter Wus Anglicus, domⁱ R' Vaſionis epiſcopi notarius, omnibus hiis preſens interfui, qui utriuſque partis precibus hanc cartam
compoſui, ſcripſi & ſigillo dicti dom. epiſcopi roboravi.

170

Hec eſt memoria quod ego Raim'. Comolet & ego Bertrans Amoros, omne jus & omnem dominicaturam
quam habemus in tenemento quod dicitur Roais vel poſ-
ſidebamus vel nomine noſtro poſſidebatur, per nos vel pro
nobis ſucceſſoribus in quocumque modo poteſt intelligi a
celo uſque ad terram, totum damus, laudamus (fᵒ 16)
& concedimus in perpetuum Deo & domui Templi, ex-

preffe in domo Roaxi, fine blandimento noftri feu parentum noftrorum vel amicorum: hoc confirmamus facro fanctis tactis Euvangeliis. Actum fuit hoc in domo Roaifii, in
manu Poncii Pelliparii, tunc temporis preceptoris, ante
porticum ecclefie Beate Marie, in prefencia P. Roftagni,
facrifte Vafion. ecclefie, & W¹ Guigonis, facerdotis Roafii,
& W¹ Frefqueti, ipfius loci diaconis, & W¹ de Vafione,
fratris Templi, & Bertrandi Afta Nova, fratris Raimondi
Comolet & fratris Arberti, prefate domus fubpreceptoris,
& fratris Arnulfi & f. Alricii & f. P. Poncii & f. Quinidii
& f. P. Scoferli & f. P. Rufi. Iftud negocium recognovi-
mus apud Raftellum, in platea ante furnum, in ipfo die,
& diximus Raimundo Joanni & Bertrando Arnaudi &
fratri fuo W° Arnaudi, quod ficut homines noftri erant &
hominium nobis fecerant pro dicto negocio; ita domui
Roafii ad ipfum pactum teneantur, fine blandimento noftri
feu parentum noftrorum in perpetuum ; recognitio facta fuit
in prefencia iftorum, f(cil.) Anrici Raftelli & Petri Rancurelli & Petri Raimundi & Lauteri probi hominis & Pon.
Viaderii & Pe. Gauterii & Raim'. Rebanit & Guigonis
Malacarti & W¹ Scoferii & Raim'. Vinaterii & Bartolomei.
In prefentia iftorum teftium, nos prefati Raim' Comoletz
& Bertrans Amoros diximus & precavimus ut carta effet
facta, figillo dom¹ Vafionenfis epifcopi figillata & roborata.
Actum fuit anno Incarnationis M° CC° XX° V°, in menfe
maii *(mai 1225).*   *(f° 1)*

171

Hee sunt carte de.... insimul in hoc codice redacte,
t'...... Rostagni de Salva.

ANNO Dominice Incarnacionis M° CC° XX° V°, in kalendis octobris *(1ᵉʳ oct. 1225)*, nofcan(t) prefentes
& futuri quod ego Roftangnus de Salve, quondam filius
Roftangni de Salve, volens relinquere feculum & religionis
habitum affumere, fuper rebus meis infinuacione exiftente

ita difpono: inftituo fiquidem Bermu(n)dum fratrem meum
heredem univerffalem omnium bonorum meorum, matrique
mee porcionem legitimam bonorum meorum relinquo, fi
preffatus frater meus bona mea jure hereditatis voluerit
vendicare & meam adierit hereditatem; voloque & ftatuo
quod fi hec ultima volontas mea non valeret jure teftamenti,
faltim valeret eo jure quo poffet, vi fcil. codicillorum vel
epiftole vel alterius cujus libet volontatis. Et tu, frater meus
prefcriptus, pleno jure & indubitabili omnia bona mea mo-
bilia & immobilia quequ(m)que habeo vel habere debeo
vel ad me poffunt jure quolibet pertinere, & ex caufa hujus donationis inter vivos celebrate & coram domino noftro
Petro Bermundo cum prefenti inftrumento follemniter in-
fingnite, trado tibi omnia bona mea & in te & tuos trans-
fero ad omnes tuas tuorumque volontates faciendas; & ut
poffeffionem & dominium dict. omniu(m) bonorum plene
nancifcaris, conftituo te ipfa bona tuo nomine poffidenda;
promito preterea tibi... ftipulanti, me predicta omnia &
fingula ratum perpetuo habere & nullo jure contraventu-
rum; volo preter(e)a & ftatuo quod tu... eligere valeas &
poft electionem tuam volontatem mutare fi velis tibi congno-
verit expedire, utrum dicta bona mea habere valeas vel ad
te pertinere vel jure hereditatis vel legati vel fideicomiffi
vel jure donationis inter vivos, ut dictum eft, celebrate vel
etiam caufa omnium titulorum predict., prout melius ad
utilitatem tuam poterit redundare. Prefcripta omnia fer-
vabo et nullo jure vel modo contra veniam, fi Deus me
adjuvet & hec fancta Dei Euvangelia a me jurante corporaliter tacta; fub quo facramento renuncio fpecialiter beneficio minoris etatis, & fub eadem facramento promito
me liberationem preftitorum nullatenus petiturum. Hec
facta fuerunt apud Roccam Furcatam, in ftari caminate,
iftis prefentibus & videntibus: (v°) Raimundo Beceda, Bertrando Genefio, Ugone de Salve, monaco Tornacenfi, Guillelmo de Lodeva, Petro de Leccit, R' de Duilla, Bertrando Roftangno, R'o Adhemario, Berengario de Sancto

Romano, Petro de las Boiffigas, R' de Frezaco, Petro
Geraldi, Augerio Frotardo, Paulo de Bernicio; & ego
Petrus de Carnatero, notarius, his interfui & hanc cartam
mandato utriufque partis bullavi, fcripfi & fubfcripfi, &
etiam dom¹ Petri Bermundi mandato hec eadem feci.

— Hoc eſt translatum five refcriptum fumtum ab originali au
tentico i(n)ſtrumento, per manum Petri de Carnatero notarii facto
& figillo plumbeo dom¹ Petri Bermundi munito, quod anno Domini M⁰ CC⁰ XXV⁰, pridie idus *(14)* octobris, rengnante dom⁰ *Fr(e-
derico)* Romanorum inperatore & dom⁰ Drag(oneto) pot(eſtate)
Arelatenſi exiſtente, ego Petrus de Montareno, Arelatenſis notarius, nichil addens vel minuens, fcripfi & translatavi coram Drag'.
de Bocoirano, Ugone Roſtagno & R' Chaufuardo, preceptore milicie Arelatis, & pluribus aliis teſtibus ad hac vocatis.

172

Bermundi de Salva *donatio caſtri de Boicione.*

Anno ab Incarnacione Domini M⁰ CC⁰ V⁰, pridie
idus octobris *(14 oct. 1225)*, rengnante dom⁰
Fr(ederico) Romanorum imperatore & dom⁰ Dra(goneto)
pot(eſtate) Arelatenſi exiſtente, nos Bermundus de Salve &
Roſtangnus de Salve, filii quondam Roſtangni de Salve,
bona fide & fine dolo donamus donacione perffecta & irre-
vocabili, & cum hac carta inperpetuum tradimus Deo &
domui Templi de Roais, in manu tui Raimundi Chaufuar-
di, preceptoris domus milicie Arelatenſis, recipienti nomine
dicte domus Templi de Roais; donamus, inquam, in remiſſione
peccatorum noſtrorum & predeceſſorum n-m & ad deffenſio-
nem terre ſancte, quiquid juris habemus vel habere debemus
vel viſi fumus .. tenere vel poſſidere ... in caſtro de Boiſſone
vel ejus territorio vel in om(n)ibus ad ipſum caſtrum de
Boiſſono pertinentibus, ſeu in aquis ſeu in paſquis, hermo
vel cultura, in rebus mobilibus vel imm-s vel etiam *(f⁰ 2)* ſe
moventibus; promitentibus nos defendere et ſalvare jure &
judicio ab omni controverſitate et interpellatione predict.
donationem, et nulla ratione contra venturos; renunciantes

tactis facro fanctis Euvangeliis beneficio minoris etatis, r-tes
etiam fpecialiter illi legi qua cavetur quod fi donatio
D'.aureos eccefferit fit fine infihuatione invalida, r-tes
etiam o¹ juri quo poffemus dicere nos in haliquo in hoc
facto effe deceptos ; & pro evictione dicte donationis, fi
forte ibi in folidum partemve contingeret, omnia bona
noftra tibi predicto R' Chaufuardo et per te dicte domui de
Roais abligamus, & inde fidejuffores conftituimus dom^m
Dragonetum de Bocoirano & dom. Paulum de Bernicio, &
concedimus .... ut tu vel fratres ipfius domus de R. nomine
ejufdem.. poffitis autoritate veftra poffefionem dicte donationis appreendere. Ad hec nos predicti Drag' de Boco'. &
Paulus de Bernicio, mandato Bermundi de Salve & Roftangni de Salve predict.,..., pro fupra dicta donatione jure
defendenda & pro evictione..tibi R' Ch. et per te... fidejuffores
quifque in folidum nos obligamus & conftituimus, renunciantes epiftole divi Adriani et o¹ alii juri & rationi nobis
competenti. Actum fuit hoc in domo milicie Arelatis ; ujus
rei funt teftes Ugo Roftangnus, R' Chaubertus, Berengarius
de Bordellis, Guillelmus Petrus, fupreceptor domus milicie
Arelatis, frater Giraudus Frefo facerdos, Arnaudus facerdos,
Raimundus Claret, Alfan, Poncius diaconus.—Pofte (a) vero,
anno quod fupra, vɪ. kalendas decembris *(26 nov.)* ego Drag'.
de Monte Draconis, pot(eftas) Arelatenfis, precibus Bermundi de Salve & Roftangni fratrum predict., pro fupradicta
donatione.. jure defendenda & pro evictione... predicto R'
Chaufuardo & per te dicte domui de Roais & fratribus ejufdem ... fidejufforem me obligo in folidum, renuncians..
(vᵒ).. Actum fuit hoc in palacio comunis ; hujus rei teftes
funt Draconetus de Bocoirano, Ugo Roftangnus, Raimundus Ferreolus, Guillelmus Petrus; & ego Petrus de Montareno, Arelatenfis notarius, omnibus predictis teftis interfui
& han(c) cartam rogatu utriufque partis fcripfi.

173

(Carta) W(illelmi) de Podio Guigone.

IN nomine Domini noftri Jhefu Xpifti, anno ab Incarnacionis ejufdem M⁰ CC⁰ XX⁰, menfe januarii *(janv.*
1221), notum fit om(n)ibus hec audientibus prefent. atque
fut. de vendicione quod Vilellmus de Podio Guigonis fecit,
de negocio quod habebat apud caftrum Boifoni, domui de
Roafio filicet, pro precio IIII. M. folidorum contradicebat
fe non effe pagatum cum M. CCCC fol. quos petebat W.
Ifnardo, prepofito Vafionenfi, quod dicebat illum effe fibi
fidejufforem; et P. Pelliparius, preceptor dicte domus, dixit
quod ipfe fuccurit W. Ifnardum, prepofitum Vafon', fide-
juffore(m) de M CCCC. fol. quos petebat W. de Podio
Guigonis. Et P. Pelliparius, preceptor domus Roafii, &
Guill(el)mus de Podio ambo fe firmaverunt in manu dom'
epifcopi Vafionenfis R'.(&) Vill(el)mi de Sancto Mauricio; &
confeftim P. Pelliparius probavit in manu dom' Vafion'
epifcopi quod ipfe perfolvit Guillelm(o) de Podio Gugonis
predictos M. CCCC. fol., & dixit qualiter unum equm &
unum palafredum reddit ei pro precio DC. fol. & Guillelmo
Ricavo, draperio de Valriafo, pro mandato Villelmi de
Podio Guigonis CCCC. fol. Raim(undenfium) & ʟxᵗᵃ Vian-
(nenfium), & Barafto de Camareto pro mandato Guillelmi de
Podio Guigonis ʟx. fol. Vian., & Folracius habuit pro mandato ipfius C. fol. Raim. quos amanavit ei Petrus Faber
cum Guillelmo de Vafione, & ipfe Villelmus de Podio
Guigonis habuit xxxᵗᵃ fol. Vian. In hunc modum probavit
Poncius Pelliparius, preceptor domus Roafii, in manu dom'
epifcopi Riperti et Guillelmo de Sancto Mauricio iftos predict. M. CCCC. fol. effe perfolutos Guillelmo de Podio
Guigonis. Et G-mus de P-o Gig-s recongnovit fe effe pacca-
tum *(f° 3)* a predictis M. CCCC. fol., fet per iniquitatem
illos petebat, et prepofitum Vafionenfem quietum clamavit ;
infuper fuper fancta Dei Euvangelia juravit quod de cetero

9

contra di&t. recongnicionem non veniret et di&t. venditionem obfervaret, et infuper dedit fidejuffores Guillelmum de San&to Mauricio et Raffellum, qui ... fe fidejuffores confti· tuerunt et fuper omnia bona fua dederunt. Et hoc fuit factum in caftro Vafionis, in aula, in prefencia dom[i] epifcopi Riperti; hujus rei teftes fuerunt Guillelmus Ifnardus, prepofitus Vafionenfis, et magifter Giraudus operarius, Bonetus prior eclefie de Bucxo, frater Guaufredus de Clauftro, frater Arbertus, Guillelmus de Vafione, Aimericus, Roftangnus Talon, Ugo de la Vouta, W. de San&to Ferreolo, Raim'. Ugolenus, Bermundus, dom[i] epifcopi armiger, Fulco, Bertrandus Gigo, Petrus Faber, W. Faber, P. Barnoinus, P. Arnulfi, Hugo Arberti, Bertrandus Bettobreto, W' Corderii, R' Gilaffredi, R' Gili, Hugo de Raftello, Per. R', R' Pelicier, P. Laugerii, Mafcon & magifter Guillelmus Anglicus, dom[i] epifcopi capellanus & natarius, qui volontate & mandato utriufque partis hanc cartam fcripfit & figillo dom[i] epifcopi corroboravit.

·174·

HEC ÈST CARTA MATEUZ FILIE BERTIN (DE S° VERANO).

IN NOTESCAT tam prefentibus quam futuris quod ego Mateuz, filia Bertin de San&to Verano, vendo domui Roafii & tibi Poncio Pellipario, preceptori, & fratribus prefent. atq. fut. ejufdem domus, quicquid habebam vel habere debebam in caftro de Boiffono, fcil. in toto tenemento de Boiffono intus vel foris, in culto & in hermo, quomodo poteft intelligi a celo ufque ad terram; & pro hac venditione recipio a predi&tis fratribus CCCCL fol. Vian(nen.) de quibus me teneo pro paccata. Et fi plus valet di&to precio, plus · valentem dono Deo beate Marie & domui Roafii & fratribus .., pro remiffione peccatorum meorum & omnium anteceſſorum meorum; & de hac venditione deinveftio me & meos, & inveftio domum Templi Roafii & fratres...: iftam venditionem facio cum confilio mariti mei Bernadi,

Et ut ista vendicio firmius teneatur, ego Bernadus maritus ejusdem Matehuz & ego Matheus, ambo super sancta Dei Euvangelia hoc tenendum juramus & promitimus, pro nobis & pro omnibus nostris, ad comodum predicte domus salvare & a cunctis hominibus defendere et custodire, & ego Alazais soror d' Matheut, ejusdem Ber. de Sancto Verano, dotatam ad Cairanam, si quid juris habebam vel habere debebam in hanc venditionem, quam soror mea Matheuz facit domui Roasii..., super s⁴ Dei Euvangelia jure jurando totum desamparo & dimito & dono Deo & b⁴ Marie *(vo)* & domui milicie Roasii & fratribus.., pro remissione omnium peccatorum meorum & antecessorum m-m. Et ego Matehus & ego Alazais soror ejus, ambe recongnoscimus quod istam venditionem tenebamus a predicta domo... Factum fuit hoc in eclesia Beate Marie Roasii, in presencia Poncii Pelliparii, preceptoris ejusdem domus, anno Incarnacionis M° CC° XI°, prima dominica mensis aprilis *(3 avr. 1211)*, Rainbaudo episcopo Vasionensi; testes sunt ujus venditionis Berengarius sacerdos, Stefanus Chausuinus levita, Guillelmus Raim(undi) de Gigondacio, frater Olivarius de Moillano, fr. Micaelis Gontardus subpreceptor, fr. Ber. Martinus, fr. Lambertus de Luns, fr. Isnardus Gastaudus, fr. R'us de Sancto Verano, fr. Ber. de S° Verano, fr. Arbertus vaccarius, f'. Per. Scofets, fr. Per. Poncius, f'. Quinidi, Arnulfus Mirabellus, Riccauvus de Boissono, R' de Boissono, Guillelmus Rainaudus, J. Bernardus, Bernardus filius ejus, R' Trozabotz, B' d'Albres, P. Fillolus .... Et ego Bernardus & ego Matheus & ego Alasais mandamus coram omnes istos presentes hujus venditionis facere cartam, & sit sigillata cum sigillo dom¹ Vasionensis episcopi.

175

(CARTA) RICLEDE RUFFE ET R' W. ET SORORUM SUARUM MATHAUDE ET RUFFARDE ET W. ISNARDI ET ALPHANNI.

INNOTESCAT presentibus & futuris quod, anno Incarnationis Domini M° CC° XIIII°, mense febroarii *(févr.*

1215), ego Riclenda Rufa & ego Rᵘˢ W., & forores mee
nomine Matheuda & Rufarda, & Guillelmus Ifnardus &
Alfannus fororii mei, mariti dict. fororum, recognofcentes
omnes & unufquifque ad profeffionem W. Rufe, fratris
mei, accepiffe de caritate domus de Roais numerato CCC.
fol. Raimodin', amore Dei & fpontanea volontate
donamus & laudamus Deo & beate Marie de Roais &
Poncio Pellipario, tunc temporis preceptoris, quiq(u)id in
caftro de Boiffone vel extra in ejus territorio poffidebamus
...., promitentes omnes & finguli, fub caucione facramenti
corporaliter preftiti, quod contra hoc donum nos vel aliquis
pro nobis deinde non procedamus; vanantes & concedentes
domui de Roais & ejufdem domus fratribus, in affari quod
poffidebamus fub dominio dominorum de Rofatz & Nicolai
Acullei, omne jus noftrum & o-em accionem & racionem
five petitionem, abrenonciantes omni legi fcripte & privilegio
fori & decretali nove & veteri. Iftud donum debemus dicte
domui falvare & defendere per ftipulacionem ab omni
eviccione; volumus enim & bona fide pofcimus ut fcriptum
dict. donum pertinens vel continens figillo domⁱ Riperti
Vafionenfis epifcopi figilletur. Factum fuit hoc juxta ecclefiam Beati Nazarii de Sableto, in prefencia *(fˢ 4)* Poncii
Pelliparii, prefcripte domus tunc temporis preceptoris; teftes
fuerunt Cor de Sacco, W'. de Vafione, Bertrandus de
Cucurone, Guillelm Caronus facerdos, Per. facerdos de
Gigondacio, Rᵘˢ de Solio, frater Micaelis de Roais, fr.
Arbertus, fr. Per. Scoferius, Leodegarius Trimundus, Rᵘˢ
Garfendus, Criftianus de Gigondacio, Giraudus Veranus,
& ego Bertrandus Folco, tabellio dni memorati epifcopi, qui
mandato utriufque partis hanc cartam figillavi.

---

176 ·

(CARTA) DOMⁱ R(AIMUNDI DE MEDULLIONE).

INNOTESCAT prefentibus & futuris quod, anno Domini
Mᵒ CCᵒ XX. IIᵒ, ego Raimondus de Medullone plene
recongnofco dediffe, pro falute anime mee & parentum

meorum, domui de Roais & fratribus ejuſdem loci preſent.
& ſut., omnem d(omi)nicaturam & juriſditionem, actionem
& d(omi)nationem quam habeo vel habere debeo & que
habetur vel nomine meo poſſidetur in caſtro de Boiſſono ſeu
extra in ejus territorio, in terris cultis & incultis, in
neboribus & in aquis & venacionibus, & in omnibus juriſ-
dictionibus dominio pertinentibus, ut dicta domus & fratres
pres. & ſubſequentes omnia ſupra ſcripta univ. & ſing.
teneant, habcant & poſſideant plene, libere & quiete; in hanc
enim recongnicionem promito prefate domui & fratribus...
bona fide & abſque fraude omnia ſuperſcripta defendere per
ſtipulacionem plenius & ſalvare : promito enim ... quod
contra hanc donationem & recongnicionem haliqua pertur-
bacione vel infeſtacione ſeu placito, dictis vel factis, ſive in
jure ſive in his que contra jus ſunt, per me vel per interpoſitam p(erſon)am non veniam nec venire faciam; abrenoncians ſuper promiſſis, datis, recongnitis & conceſſis omni
legi ſcripte & non s-e & decretali nove & veteri, & o¹ rationi
domui prefate nocenti & michi & meis omnibus competenti;
& ut firmius domus predicta & ſecurius omnia predicta
habeat & poſſideat, volo & humiliter poſtulo ut hoc preſens
ſcriptum ſigillo dom¹ Riperti Vaſionenſis epiſcopi ſigilletur.
Hanc recongnitionem & donationem feci in tempore Poncii
Pelliparii, tunc temporis preceptoris, & in curia clauſtri de
Buxo, in preſencia dom¹ Riperti epiſcopi Vaſionis ; hujus
recongnicionis teſtes ſunt ipſe dom. Ripertus Vaſon. epiſcopus, Bonetus ſacerdos & regtor eccleſie de Bucxo, Petrus
ſacerdos, Leo miles, Raimbaudus de Vaſione, Bermundus
ſcudarius dom¹ Riperti Vaſion. epiſcopi, Riccauvus diaconus
de Bucxo, Bonetus Juvenis, clericus de Bucxo, Guillelmus
de Grillone, Vill(el)mus curſor dom¹ Ripert epiſcopi ;
& ego Bertrandus Fulco, canonicus & notarius ipſius epiſcopi, qui mandato utriuſque partis hanc cartam ſcripſi &
ſigillo ejuſdem dom¹ epiſcopi Vaſionis ſigillavi & ſingnum
meum apoſui, & hoc eſt ſingnum ✠.   (v°)

177

(CARTA) SAURE, UXORIS DOM¹ RAIMUNDI DE MEDULLIONE.

NOSCANT prefentes & futuri quod, anno Domini M° CC° XX° JJ°, ego Saura ucxor dom¹ Raimundi de Medullione plene recongnosco dediffe, p.s.a.m. & p.m., mandato tamen & volontate dom¹ Raimondi de Medullione mariti mei, domu¹ *(ut in præced.)* ... Boiffone ... nemoribus... plen. & tueri p.:... que extra jus... preceptoris domus dicte, in caftro de Rocca prope Bucxum, in pres.... Bucxo, Guarnerius facerdos, Raimundus facerdos, Fouchardus de Rocca, R. de V., B. s. d. R. e., Raimundus Ventoirolis, G. de G., Wonus c. d. e. Vafionis ; & ..... ✠

178

(CARTA) GIRAUDI DE BESAUDUNO.

DE geftis hominum fuboriri folet calumnia, nifi fcripture memoria & lingue teftium & figilli munimine confirmarent. Notum fit ergo prefentibus & futuris quod ego *(f° 5)* Giraudus de Bezauduno, pro remifione peccatorum meorum & pro falute anime mee & antecefforum meorum, dono cum filio meo Giraudo Deo & beate Marie & domui Templi Salomonis, & proprie domui de Roais & fratribus prefent. & fut. in ea domo fervientibus, omne jus & omnem (actionem) quoqumque modo habeam in caftro de Boiffone intus & foris in toto tenemento fuo, filifcet cartam partem : hoc donum facio cum Diaude, preceptore domus Ricarencarum, & cum Poncio Pellipario, preceptore de Roais, & hoc donum ut firmiter teneatur promito fuper fancta Dei Euvangelia per me & per meos fic firmum ftare atque falvare. Hoc donum facio in domo mea ad Avizanum; & ego Diaudeus, preceptor Riccarencarum, ex parte Dei et magif-tri Templi concedo & dono tibi tuifque bonam partem in bonis Templi cifmarinis & tranfmarinis, & recipio filium

tuum Guichardum pro donato. Hujus rei teftes funt
Olivarius de Chalma, Roftangnus de Sancto Verano,
Ifnardus Baft, Guillelmus Saraman, B' de Merindol,
W. Talon, W. Chais, V. de Roffatz, W. de Suza, B.
Laugarda, Guafredus de Clauftro, B. de Coiro; factum
eft hoc donum menfe julii, craftina die poft octabbas
Petri et Pauli, anno Incarnacionis Domini M° CC°
XI° *(7 juil. 1211)*. Et iftis videntibus volo & precor ut
cum figillo dom' R'. Vafion. epifcopi figilletur.   ✠

179

(CARTA) VALENTINE.

NOTum fit prefentibus & futuris quod anno Domini
M° CC° XVIIII°, in menfe julii *(juil. 1219)*, ego Va-
lantina propria mea & bona volontate, & (pro) falute anime
mee & parentum & amicorum m(e)orum, dono, laudo &
concedo Deo & beate Marie & domui Templi de Roais &
tibi Poncio Pellipario, preceptori tunc temporis ejufdem
domus, & fratribus prefent. & fut. omnia que habebam
vel abere debebam in caftro Boiffoni, intus vel foris in ejus
territorio, five in hermo five in culto, aud in lingnis aut in
aquis, aut in venationibus aut in pafcuis, aut quoqu(m)-
que modo poffit intelligi a celo ufque ad terram, citra
fluvium Eguer vel ultra; & pro hac donatione accepi a te
Poncio Pellipario predicto L. fol. de caritate domus.
Hactum fuit apud Vafionem, dom° Riperto Vafionenfi
epifcopo & Guillelmo Ifnardo prepofito & Guillelm de
Vafione & R' de Vafione & Americo & P. Barnoino. Item
ciatur quod ego Valentina predict. donationem conceffi &
juramento afirmavi apud Roais, in ecclefiam Beate Marie,
in prefencia W' Guigonis facerdotis & Alberti fubpreceptoris, Gaufredi de Clauftro, Poncii Lamberti, P. Torretas,
P. Ros, Guchardi de Bordellis, Ber. de Arbris. Item ciatur
quod ego Valentina volui hanc cartam corroborari dom'
R' Vafion. epifcopi figillo; & ego Durantus Taborerius,

clericus tunc temporis de domo Roafii, hanc cartam fcripfi
utriufque partis mandato & volontate, & apofui figillum
dom' R'. Vafion. epifcopi fupradicti mandato & affenfu
ipfius.   † (v°)

180

(CARTA) GVILLELMI DE PODIO (GUIGONE).

NOTum fit univerfis prefent. & fut. quod anno Dominice Incarnacionis M° CC° XVIII°, in menfe
janoarii *(janv. 1219)*, ego Guill(el)mus de Podio Guigone
venditionis trado titulo & jure Deo & beate Marie &
domui milicie Templi, & nominatim domui de Roais &
tibi Poncio Pellipario, preceptori, & fratribus ejufdem
domus prefent. & fut. totam dominicaturam vel juris
dictionem vel dominacionem quam habeo vel habere debeo
in caftro Boifioni, intus vel extra in ejus territorio, five in
hermo five in culto, feu in pafcuis feu in venationibus, feu
in aquis feu in lingnis... citra Egue vel ultra: precio
M M M M folid. Raimondinenfium novorum, ex quibus
teneo me pro bene paccato & domum Templi & emtores
predict. imunes & liberos effe confiteor; & fi ad prefens
plus valet vel in antea plus valere aparuerit, totum tribuo,
laudo, concedo... pro falute anime mee & parentum &
amicorum meorum. Han(c) venditionem fuper fancta
Dei promito Euvangelia me ratam tenere prout potero
inperpetuum, nullam de cetero movens controverfiam...,
& in eodem facramento recongnosco quod hec omnia
habebam & tenebam ante pro domo Templi: ne vero fuper
hoc mea vel meorum aliqua fuboriatur queftio, fidejufforem conftituo dom. Ripertum. Vafion. epifcopum, ut
ipfe vel fuccefores fui cenfura rebelles compefcerent eccle-
fiaftica; item fidejufforem tribuo Gull'. Ifnardum, prepofitum Vafionis, & Dragonetum & Folracium & Rain-
baldum de Vafione & Guill(el)mum de Vafione & Beren-
garium de Vafione & Petrum Arnulfum, Guidonem

fororium meum: qui omnes conceferunt bonam fidem &
rectam fe domui Templi falvare & exibere. Actum apud
Vafionem, in domo Petri Fabri, fuper terraciam fuam; teftes
funt P. Faber, W. Faber, Ugo Faber, Ramundus Brunus,
W. Corder, Pe. Barnoinus, Rai. Tefta, Rargalafens, Pei.
Gilafres, Guill(el)mus Albertus, Petrus frater ejus,
Mafconus, Geralldus Seraire, Petrus Milo. Item ego
W. de Podio Guigone venditionem iftam laudavi &
conceffi & juramento afirmavi apud Roais, coram Guill(el)-
mo de Cerzols, magiftro Yfpanie, volontate cujus hec
facta funt; in hoc loco teftes interfuerunt Bermondus de
Caftro Gaug, preceptor Ricarencarum, Bernardus de
Rochafort, Albertus fubpreceptor de Roais, Guaufredus de
Clauftro, W. Geraldi, Raimundus Gaufredi, P. Mira-
belli, W. Stefanus, Ifnardus Gaftaudi, P. Poncius,
Quinidius, Pe. Sabaterius, Pe. Montanerius, Pe. Vetus,
Po. Rufus, Folco, Riccavus de Boiffone, Pon. Martini,
Arnulfus Mirabellus, Bertrandus Chautelmi facerdos, Pon.
Audardi, W. Rufa. Item ego Matheus, foror W. de
Podio Gugone, laudo & concedo & facramento afirmo, in
(f° 6) manu Poncii Pelliparii predicti, venditionem
prenominatam, promitens me nullam de cetero controverfiam motyram; & ego Marrofus, predicti Guillelmi de
Podio Guigone filius, propria & bona volontate donationem & vendicionem predict. fine dolo laudo & concedo, &
juramento me inperpetuum tenere & cuftodire promito, in
manu Poncii Pelliparii predicti, abrenoncians... & confiteor
me effe xv. annorum; & ego Romana, filia W. de Podio
Guigone, eodem (modo) quo & frater meus Marrofius
conceffefit, venditionem predict. laudo & concedo et
afirmo, facro fanctis Euvangeliis in manu Poncii Pelliparii
pretaxati, et confiteor me effe hetatis xiiii. annorum. Hec
conceffio facta fuit in ecclefia Sancti Baufilii prope Mira-
bellium; teftes funt Bertrandus Berenguarius, facerdos et
Rai. Julianus facerdos et Albertus fubpreceptor de Roais,
Raimundus Gaufredi, Folracius, W. Rufus, preceptor

Ville Dei, Poncius Stefanus clericus; et Durantus Thabo-
rerius, clericus in domo Roafii, omnia hec predicta vidi et
audivi et prefens fui mandato dom¹ Vafion. epifcopi, et
cartam fcripfi et fingnum vel figillum fuum opofui utriufque partis mandato, concenfu et volontate.   †

181

(Carta) Arberti Martelli.

DE geftis hominum fuboriri folet calumpnia, cum
fcripture memoria aut lingue teftium aut figilli
munimina non confirmant vel perhennant. Notum fit ergo
prefent. & fut. hominibus, quod ego Arbertus Martelli
dono Deo & beate Marie de Roais & fratribus prefent. &
fut. in ea domo fervientibus, pro remiffione anime mee &
antecefforum meorum, om(n)e jus & omnem dominicaturam
quam emeram a W'. & R'. de Rofaz in caftro de Boiffone,
intus & foris in toto tenemento fuo, fcilifcet quartam partem; & hoc donum facio in ultimo teftamento meo, in
propria domo mea ad Malaucenam, & volo quod valeat
jure teftamenti, fi non qualiqumque racioni ultime volontatis. Et ego Poncius Pelliparius, preceptor domus de
Roais, recipio hoc donum a te, Arberti Martelli, & ex parte
Dei & magiftri noftri concedo & dono tibi & tuis antecefforibus bonam partem in bonis Templi cimarinis et tranfmarinis. Hujus doni teftes funt Ripertus Martelli, W. Riccavi,
Pe. Amici, Pe. Clericus, S(te)fanus capellanus, Olivarius de
Moidano. Hoc ipfum dono recongnofco ad domum de Roals,
in camera ante ecclefiam; hujus rei teftes funt Berengarius
capellanus, Stefanus Chaudoinus diaconus, frater Lambertus de Luns, fr. Ifnardus Gaftaudus, fr. Micael Gontardi,
fr. Roftangnus de Sancto Verano, fr. Ber. Martini, P.
Chalveti, Arnul. Mirabelli. Hoc donum factum fuit in
febroario, ad feftum fancti Quinidii, fecunda feria, kalendis
marcii, anno Incarnationis Domini M° CC° X° (*15 fevr.
1210*); & iftis cunctis audientibus & videntibus rogo ut
cum figillo dom¹ Riperti Vafion. epifcopi figilletur.

182

(CARTA) RICHAVI ET RAIMUNDI DE BOSSONA.

NOTUM fit prefentibus & futuris quod anno Domini M. CC° XVIII, menfe aprilis *(avr. 1218)*, ego Alaáis, filia Unberti Ferrandi, donum quod Riccavus de Boiffone & Raimundus de Boiffone, *(v°)* fratres mei, fecerunt, laudo, confirmo & concedo tibi Poncio Pellipario, preceptori de Roais, & per te ipfi domui & fuccefforibus tuis & fratribus ejufdem domus ...,ita quod quiquid juris vel proprietatis habebam ... in toto tenemento de Boiffone culto & inculto, ultra fluvium Equeris vel citra, & quicquid dict.

Unbertus Ferrandus, quondam pater meus, prefate domui donavit a via que cepit ad fontem de Boiffone ufque ad collum de Morchaufaco, totum illud .. remito & inperpetuum defamparo, et me nullam de cetero controverfiam de predicto dono moturam nec contra aliqua ratione venturam per ftipulationem & facro fanctis Euvangeliis manutactis jurato promito. Fa(c)tum fuit hoc apud Vafionem, in domo operarii, in prefencia dom¹ Riperti Vafionis epifcopi; hujus rei teftes funt W. Vafionis prepofitus, magifter Geralldus, Guillelmus Berengarius, canonicus Valentinus, frater Petrus de Ribaz, fr. Arbertus, fr. Petrus Poncii, Berengarius de Vafione, Ugo Faber, W. Faber, Pon. Eudeardus; & ego Matheus, dom¹ Vafionis epifcopi capellanus & notarius, qui hanc cartam fcripfi & figillum dom¹ epifcopi eo volontate apofui.

183

(CARTA) FOLRADI DE CAIRANA.

NOSCANT tam prefentes quam futuri, quod ego Folradus de Cairana bona fide & fine dolo recongnofco donum a Bertrando de Podio Guigone fratre meo factum, pro falute anime fue & parentum fuorum, Deo & domui de Roais in fuo ultimo teftamento, videlifcet quicquid habebat yel habere debebat in pafquerio de Boiffone;

hanc donationem laudo & confirmo ita quod quicquid
juris vel proprietatis five tenementi habeo vel habere debeo
in prefato pafquerio, ubiqumque pafquerium poffit intelligi
vel fieri fine damno, totum illud .. fine o¹ ecceptione & diminutione defamparo & bona fide & fine fraude jnperpetuum
concedo tibi Pon. Pellipario, preceptori de Roais, & per te
ipfi domui & fratribus ejufdem domus..., remitens omne
jus & omnem exaccionem qualiterqumque in prefato pafquerio michi competentem ; hanc donacionem defendam
tibi P. P., p. de R., & fuccefforibus tuis ab omni controverfia & interpellatione,& me *(ut.ch.182,l.14)*...c.m-rum
...v-rum... s. t. E. j. p. Et pro hac laudacione fateor a te
P. Pellipario, preceptore jam dicto, C. fol. Raimondin. caritative habuiffe & fine diminutione *(fᵒ 7)* plenarie recepiffe.
Factum eft iftud apud Vafionem, i(n) ftari Petri Fabri,
menfe novembris, anno Domini M° CC°XVI° *(nov. 1216);*
teftes funt ifti : Guill(el)mus Hafta Nova, Raimundus
Arnaudus, Petrus Faber, Poncius Eudeardi, Petrus
Scoferius, Guaufredus de Chautra ; & ego Matheus,
domi epifcopi Riperti Vafionis tabellio & vicarius, qui ex
utraque parte rogatus hanc cartam fcripfi et ejufdem d.
epifcopi juffu figillum ejus OPOSVI.

184

(Carta) Folradi de Cairana.

NOSCANT prefentes & futuri quod, anno ab Incarnacione Domini M° CC. XV, menfe augufti *(aofit
1215)*, ego Folradus de Cairana recongnofco me habere
& poffidere, quicquid habe(o) vel poffideo vel q-q fub
nomine meo poffidetur infra caftrum de Boiffone vel ejus
territorio, pro domo de Roais et pro fratribus ibi prefent. &
in antea Deo fervientibus, & promito idtud falvare dicte
domui & defendere per ftipulationem ab o¹ eviccione : & fi
aliquis vel a-ua fuper his dict. domum infeftabat, ego
debeo contra ipfum evenire & domui falvare fiqut rem

meam propriam & tueri. Do etiam quicquid habeo juxta condaminam de Roais, que eſt inter caſtrum de Boiſſone & vernedam, pro remiſſione anime mee & patris & matris mee & omnium anteceſſorum meorum ; & ut habeat dicta domus libere et poſſideat quicquid (in) ſupra nominato locco ego habebam vel poſſidebam, juro ſuper ſancta Dei Euvangelia meis manibus tacta, quod contra ſupra dicta ego vel alius pro me ulterius non procedam, abrenoncians ...... Volo etiam & bona fide poſco ut ſigillo dom¹ Riperti Vaſionis epiſcopi hoc preſens ſcriptum ſigilletur. Factum fuit hoc in eccleſia de Raſtello, in preſencia dom¹ R'. Vaſionis epiſcopi, Pon. Pellipario, preceptore domus Roaſii; de ſupradictis teſtes ſunt Ugo Florencius, Cor de Sacco, frater Micael' ſubpreceptor dicte domus, fr. Arbertus, fr. Borgondius, fr. P. Montanerius, Pe. presbiter de Medullione, magiſter Guillelmus, R' Viadenius, W. R(aimund)us, Rai. Folco ; & ego Bertra. Fulco, tabellio dom¹ Riperti Vaſionis epiſcopi, qui mandato utriuſque partis hanc cartam ſigillavi.

185

(Carta) Nicholai Aculei.

NOTum vobis fieri voluimus preſentibus & futuris, quod Nicolaus Aculeus bona fide & ſine omni retenimento donavit & laudavit fratri ſuo W(illelm)o Aculeo quicquid (v°) habebat (vel) habere debebat in caſtro de Boiſſone vel in ejus territorio, & Guill(el)mus Aculleus donavit & laudavit fratri ſuo Nicolao Aculeo b. f. & bona volontate quicquid habebat v. h-e d-t in paterna vel materna hereditate, preter caſtrum de Boiſſon'; in quo caſtro W'mus Aculeus donavit fratribus Templi Solomo(n)is & domui de Roais quicquid ipſe vel frater ſuus Nicolaus Aculeus habebat .., & fratres Templi debent redimere poceſſionem iſtam CCCC. ex. vi. ſol. Melgoiren. & viiii libras Viannen. & tres aſinatas annone, & Nicolaus Aculeus habuit equm unum a predictis fratribus & finivit eis omnes querelas vel appellationes

quas faciebat vel facere poterat fratribus Templi vel in
domo Naifac vel in domo Ricarencarum vel in domo de
Roais vel in aliis locis, & fucepit fuper fe omnes
proclamaciones & querelas que fiebant vel fieri poterant
fratri suo W'o Aculeo; & fi domus Templi poffet facere
aliquam querelam Nicolao Aculeo, ipfe debet emendare
fecundum volontatem predicte domus, & fi aliqua
apellacio vel querela accideret in honore ifto predictis
fratribus Templi, ipfe Nicolaus Aculleus debet falvare eis
& manutenere cum ratione fine damno & expenfa eorum.
Hoc donum fuit factum in manibus Bertrandi de Petra
Lapta, Tricaftrine fedis epifcopi, & in manibus W'i de
Sancto Paulo, preceptoris de Roais; & juraverunt predicti
fratres Nicolaus Aculeus & Guill(el)mus frater ejus bona
fide hoc firmiter tenere i(n)perpetuum. Factum eft hoc
anno ab Incarnacione Domini M° C. LXXX° II°, kalendas
mai, feria II* *(1°r? mai 1182)*: Jordanus canocicus Sancti
Pauli, teftis, Barretus t., Pon. capellanus Sancti Stephani,
Bertrandus Helias, Ugolenus preceptor Richarenchis,
Bertrandus Rainaudi teftis, Giraudus Dato, Peironet de
Avinione, Pe. de Rac, W. Granetus miles, Guaufredus de
Sancto Paulo, W. Gonterius, Ugo Ripertus, Pe. Ripertus,
Giraudus Folraz. Hoc predictum donum recongnovit
Nicolaus Aculeus poftea, in prefencia B(ertrandi) de
Lambes, Vafionenfis epifcopi: Ugo de Cadaroffa, canonicus
Vafionis, t., Pet(r)us Imbertus de Vizobris teftis, Poncius
Berengarius de Vinzobres te. Raimundus de Medullone
fuit & eft fidejuffor, Giraudus Ademarius de Montilio f.,
Garentes de Cadaroffa f., Pe. de Cadaroffa, congnatus
Nicolai Aculei f., Pon. de Blacos f., Ugo de Vaefc f., Peire
de Lerz f., Folracius de Cairana f., Marruefi de Podio
Guigone f., Baudonius frater ejus f., Raganfredus bajulus
comitis f. Hoc idem donum fupradictum laudavit Mateudis
bona fide & bona volontate *(f° 8)* fratribus Templi, in
manibus Guillelmi de Sancto Paulo qui erat preceptor de
Roais; teftes funt ifti: Odo de Grillone, Guacerandus de

Belcaftel, Guill(el)mus Mannaz, W. Cantaire, W. de
Propiaco, Peironetus armiger W'i Sancti Pauli. Nicolaus
Aculleus fecit hoc laudare forori fue Matheudi; &
rogaver(u)nt ex utraque parte hanc cartam fieri & figillari
figillo domⁱ epifcopi Sancti Pauli & epifcopi Vafionenfis.

186

(CARTA) RICAVI ET FRATRIS EJUS RAIMUNDI DE BOYSSONA.

INNOTESCAT prefentibus & futuris quod anno Domini
M° CC° XVIJ°, menfe mai *(mai 1217)*, ego Ricavus
de Boiffone & frater meus Raimundus Deo & domui de
Roais nos metipfos donamus in hunc modum, quod
quandocumque habitum ejufdem domus voluerimus
recipere, fine ulla contradictione poterimus hoc facere:
tamen ucxores ducere vel ad alium ordinem accedere non
poffumus, fine volontate & conceffu preceptoris ejufdem
domus; & quicquid juris habemus vel poffidebamus, vel
alius pro nobis habebat vel poffidebat in toto tenemento de
Boiffone, culto vel inculto, ultra fluvium Equeris vel citra,
que omnia fub nomine prefate domus poffidebamus, Deo
& domui de Roais et fratribus pres. & poft. pro amore Dei
in perpetuum beneficium donamus & concedimus, falvare
& defendere per ftipulationem ab omni eviccione
promitimus; recognofcentes & laudantes quicquid
Umbertus Ferrandus, qui olim pater nofter fuit, a via que
cepit ad fontem de Boiffone ufque ad collum de Morcharfaco
prefate domui donavit, & juramus fuper fancta Dei
Euvangelia noftris manibus tacta quod contra predict.
donationem patris vel contra noftram ulterius non
procedamus nec alium procedere faciamus. Iterum
recognofcimus nos habuiffe & percepiffe de beneficio
fupradicte domus ducentos & quinquaginta fol. Raimundin.,
de q(u)ibus fororem noftram Alaziam debemus maritare;
& fub eadem caucione facta promitimus quod quando
Alazia foror noftra plenam hetatem laudandi habuerit,

donum patris fupra fcriptum & noftrum faciamus eam
laudare & concedere, defendere & falvare; & ut firmius
teneatur volumus & bona fide pofcimus ut figillo dom¹
Riperti Vafionenfis epifcopi figilletur. Factum fuit hoc in
ecclefia de Roais, in tempore Poncii Pelliparii, preceptoris
ejufdem domus; hujus rei teftes funt frater Guaufredus de
Clauftra, fr. Guillelmus Giraudi, fr. Arbertus fubpreceptor
ipfe domus, fr. Petrus Scoferius, fr. Quinidius, fr. Hifnardus
Gauftaudus, fr. Petrus Montanerius, fr. W' Stefanus,
fr. P. Poncius, Arnulfus Mirabelli, Gregorius Cliricus,
Ugo Bermundus, Petrus Dalmacius, Poncius Eudeardus;
& ego Bertrandus Fulco, notarius dom¹ Ripert Vafionen.
epifcopi, qui mandato utriufque partis hanc cartam fcripfi
& figillavi.   (v°)

187

(CARTA) PONCII GIRAUDI.

Notum fit cunctis prefent. & fut. quod anno Dominice
Incarnacionis M° CC° XX° IIII°, vii^{mo} kalendas
decembris (*25 nov. 1224*), ego Poncius Gontardi mea
boina memoria & volontate fpontanea, in helemofinam &
redemtionem peccatorum meorum & parentum meorum,
dono, trado & concedo inperpetuum domui de Roais
& tibi Poncio Pellipario, preceptori ejufdem domus tunc
temporis, recipienti pro omnibus fratribus in eadem domo
exiftentibus t. prefent.q. fut., omne dominium & omne jura
quecumque habe(o) vel habere debeo in caftro de Boiffono
vel in toto ejus territorio, terris cultis & incultis, pratis,
vineis & nemoribus, pafcuis, paludibus & in aliis juribus
que ego dictus Pon. Gontardi in dicto caftro vel in ejus
territorio ullo jure vel ratione debe(o) poffidere; ei dono
etiam, remiffione anime mee, dicte domui Templi quendam
filium meum nomine Raimondum, & confiteor recepiffe de
te Poncio Pellipario, precept. t. temp., centum folidos
Raimondin'. monete caritative, de quibus teneo me pro